HERMES

在古希腊神话中,赫耳墨斯是宙斯和迈亚的儿子,奥林波斯神们的信使,道路与边界之神,睡眠与梦想之神,死者的向导,演说者、商人、小偷、旅者和牧人的保护神……

西方传统 经典与解释 **HERMES**
Classici et Commentarii
卢梭集

刘小枫 甘阳 ● 主编

致博蒙书
Lettre à Christophe de Beaumont

［法］卢梭 ｜ 著
吴雅凌 ｜ 译

华夏出版社

"卢梭集"出版说明

法国大革命爆发前十年,卢梭去世——他没有想到,经大革命后的国民议会表决,他的骨灰移葬先贤祠。在移葬仪式上,国民议会主席高调宣布:

> 我们的道德、风俗、法律、感情和习惯有了有益健康的改造,应该归功于卢梭。

卢梭更没有想到,在他仙逝百年后,自己亦成了引领中国民权革命的"神人"——黄遵宪初抵日本时,见"民权之说极盛,初闻颇惊怪。既而取卢梭、孟德斯鸠之说读之,心志为之一变,以谓太平世必在民主。然无一人可与言也"(《黄遵宪集》,天津人民出版社,2003年,第491页)。革命烈士邹容在其《革命军》一开始(第一章,绪论)就说:

> 夫卢梭诸大哲之微言大义,为起死回生之灵药,返魂还魄之宝方。金丹换骨,刀圭奏效,法、美文明之胚胎,皆基于是。我祖国今日病矣,死矣,岂不欲食灵药投宝方而生乎?苟其欲之,则吾请执卢梭诸大哲之宝幡,以招展于我神州土,不宁惟是,而况又有大儿华盛顿于前,小儿拿破仑欲后,我吾同胞革

命独立之表木。

卢梭令好些中国文人如痴如狂地追随,要做"中国的卢梭"(如柳亚子),甚至作小说《卢梭魂》追慕卢梭。卢梭在近代中国的影响力,据说只有马克思可与之相比——可是,我们早就有了马克思全集,却迄今未见卢梭全集。大哲人卢梭的"微言大义"究竟是怎样的,其实我们迄今还没有看清楚。他出于何种意图以及如何改变了文明人类的一些基本假设,尚需要我国学界志士花费大力去探究。探究的起点,首先在于悉心研读卢梭的作品。"卢梭集"虽计划编译卢梭全部要著的笺注体汉译本,但因译者难觅,仅能勉力从当务之急的卢梭要著的义疏入手,以尚未有汉译的卢梭要著为先,同时注重选译西方学界重要的卢梭研究成果。

愿"卢梭集"伴随我国学界关注人类文明现代巨变的有心之士的努力不断积累、不断完善,终有一日成其所全。

古典文明研究工作坊
西方典籍编译部乙组
2005 年

目 录

中译本导言 …………………………………………（1）

法文本导言 …………………………………………（18）
致博蒙书 ……………………………………………（27）

附录：启示的假想或寓言片段 ……………………（131）

中译本导言

1762年,卢梭的《爱弥儿》在巴黎被禁。

启蒙时代,作家被禁堪称家常便饭。孟德斯鸠写《论法的精神》,狄德罗和达朗贝尔编《百科全书》,爱尔维修写《精神论》,谁也没能避开查禁的命运。更不用说伏尔泰,他的大部分作品都被禁了。彼时在法兰西境内出版和发行图书必须有国王的正式批文,好些作者只能匿名出版。但为此坐牢的人不在少数,狄德罗和伏尔泰不说,更有赫赫有名的萨德侯爵。

卢梭因为逃得及时,只是被烧了书。平心而论,遭遇不算最坏。但他心里的"阴影"似乎比谁都深。他在禁书之后的写作总带有被迫害的笔调。随着《忏悔录》的问世,也许还要算上《对话:卢梭审判让-雅克》和《孤独漫步者的遐思》,一个神话俨然成形。在迫害中舍身为真理①的写作者卢梭成功地在后世读者的心中烙了印。

---

① "舍身为真理"(Vitam impendere vero):语出罗马诗人尤维纳尔(Juvénal, *Satires*, IV, 91)。1759年,卢梭宣布以这句箴言为毕生座右铭。在

这个神话由卢梭本人一手成就,而《致博蒙书》正是缔造神话的开端。

卢梭写成并出版这封几千言的长信,历时半年。1762年8月20日,巴黎大主教博蒙就禁书写《主教训谕》,一周后正式发表。9月26日,卢梭在莫蒂埃收到样本。十月初开始回信。①隔年1月1日,信被寄往阿姆斯特丹,给书商曼·雷。彼时欧洲的禁书多在荷兰印刷。同年三月,《致博蒙书》问世。即便按今天的学术出版标准看,这也是相当惊人的速度了。

那年夏天,卢梭经历了"生命中最严峻的时刻"②。6月8日半夜,他从床上被叫醒,得知巴黎法院即将逮捕他。第二天,他匆忙逃离蒙莫朗西,在路上与法院的马车擦肩而过。他还没走出法国边境,巴黎法院的台阶前已起了一把火,将《爱弥儿》当众烧了。在伯尔尼的伊弗东,他听说日内瓦待他并不好过巴黎。他的同胞们不只查禁《爱弥儿》,还有《社会契约论》,并且宣布他一回国即刻逮捕。这件事对他的震动,后来要花更长的时间才化解。③他不及安

早前一年的《致达朗贝尔论戏剧的信》中,他说道:"Vitam impendere vero:这是我所选择的座右铭,我感觉自己无愧于它。"(法文七星全集本注,I,1788)《山中书简》以此句为卷首语。《孤独漫步者的遐思》的"第四次漫步"开篇同样提到这句座右铭。

① 1762年12月1日,卢梭在写给雷的信中说:"两个月来,我关门写这封书信……"(书信全集,t. XIV, 146)换言之,他从十月初开始写《致博蒙书》。9月26日,他收到《主教训谕》时,想必立即做出回信的决定。书信落款日期是11月18日。

② 《以法莲的利未人》,"前言初稿",参卢梭,《道德与文学杂篇》,吴雅凌译,华夏出版社,2009年,页43–44。

③ 参看《山中书信》创作始末。

顿,伯尔尼政府很快就下了驱逐令,欧洲各地亦纷纷响应。7月10日,他总算在纳沙泰尔的莫蒂埃觅得一处避难所。

夏天是残酷的季节。秋天却没有好过些。在颠沛流离中,他苦于偌大的欧洲没有容身之地,来不及想太多。等到渐渐安定下来,他开始反思自己的处境。他所遭遇的声讨和制裁同时来自天主教的巴黎和新教的日内瓦、来自宗教界和反宗教的启蒙哲学家圈子、来自政府和教会。多么古怪!这些原本相互敌对的势力前所未有地团结起来,只为了对付他,一个钟表匠的儿子!

迫害的念头一经产生,纠缠不去。在《致博蒙书》的字里行间所流露出的情感和说理,全以迫害为基调。

这封长信就像一出戏剧。主角是卢梭本人。他本色扮演了一个不幸受迫害的作家。他的出场自述相当有名,历来为评家争相援引。他哀叹自己被诅咒的命运,自称本不是作家的料,却偏偏当了作家。他早年"在一种幸福的懵懂之中度日,丝毫没想过摆脱这种状态",直到第戎科学院发出那道"可悲"的征文题目改变了他的命运,令他不情愿地入了这个"天生不适合干的行当"(927)①,从此付出沉重的代价。比较卢梭草稿中的说法,我们不难看到一丝有趣的差别:

> 我在年轻时代保持沉默,我没有因为渴望声名而丧失本性。我若生来有几分才华,也不急于展现;我等到自己心智成熟,我的思考令我可以很好地运用自己的才华。我在自认为

---

① 导言中所用《致博蒙书》引文和相关参考内容统一在括号内标注出处,并一律使用法文全集本页码(参看第16页说明)。

找到运用的方法时才开腔说话……①

最终定稿删去了这一段。显然,无奈入行的作家比冷静出手的作家更接近受迫害者的形象。怀疑卢梭的写作真诚是没有意义的。我们只是不难分辨,在演员卢梭之外,还有导演卢梭,他们对迫害的用意有所不同。

主角讲罢自己的遭遇,配角登场了(933)。巴黎大主教博蒙是这出戏的第二号人物。他是封杀卢梭的人,迫害的化身。卢梭通过援引《主教训谕》与他展开对话。整个对话内容不外是反驳对方和自我申辩。在开篇题词中,卢梭自比奥古斯丁,而把博蒙比作迦太基的论辩对手帕桑提乌斯(Pascentius)。后者和博蒙一样出身显赫,却是个阿里乌斯派信徒,据说论辩不守规矩,过后还自诩胜了奥古斯丁。把堂堂巴黎大主教比做异端分子,卢梭的语气很不客气。但这还只是隐喻。我们看看他一开场就说了什么:

大人,为什么我有些话非得对您说呢?我们能有什么共同语言,我们如何能听懂彼此的话,您与我又有何干呢?

但我不得不回应您,您本人迫使我这么做。您若只抨击我的书,我会随您说去,但您还抨击我的人身。而且,您在人群中的威望越强大,我越不能在您试图破坏我名誉时姑息沉默。(927)

多么骄傲的口吻!卢梭不指望说服博蒙。因为这是不可能

---

① 《致博蒙书》草稿残篇 10,参全集,IV,1019。

的。一个人自称基督徒,却公开否认原罪说(936起)、创世说(956起)、质疑启示宗教和神迹(963起)、反对教会权威(1000),在任何教会领袖的眼里,只能是亵渎宗教,只能是势不两立。① 演员卢梭尚在竭力申辩,导演卢梭早已心知肚明。

但对话要照常进行。卢梭首先重申他的思想的"根本原理"(935起),也是他的全部著述的出发点。人生来是善的,原罪并不存在。《论人类不平等的起源和基础》建立了某种人类的历史,在这里被简明归纳成人类的三种状态:自然状态的生活没有社会性,不存在善恶区分;随着家庭形成,人类相互发生关系,利益开始交叉,有了良知和道德,也就有了罪恶,但在初生的社会,利益冲突少于交流认知,人还是好的;最后是文明社会的生成,利益冲突激化,道德败坏,良知沦丧,人们彼此欺骗,相互为敌。简言之,"人生而善好,人群却变坏了"(937)。卢梭声明,"我在书中致力于探寻怎么办才能阻止人类变成这个样子"(937),按我们今天的话理解,卢梭的著述因而属于政治哲学范畴。但博蒙看来没有明白这一点。巴黎只查禁《爱弥儿》,据说《社会契约论》太艰深,在首都鲜为人知,②《主教训谕》也只着重指出亵渎宗教和败坏青年教育这两项罪状——与雅典城邦对苏格拉底的审判何其相似,不是偶然。

> [在败坏的文明社会中,]谁也不想要公共利益,除非它与个人利益相适应;真正的政治旨在让人民变得幸福和善好,就要以这种适应为目的。不过,我从这里开始使用一种陌生的

---

① 参看卡西勒,《卢梭问题》,王春华译,译林出版社,2009年,页65。
② 特鲁松,《卢梭传》,李平沤、何三雅译,商务印书馆,1998年,页295。

语言,读者不懂,您也不懂。(937)

卢梭因此对博蒙使用了一种大多数人都能听懂的语言。他的论战方法也挺老实,就是依次援引《主教训谕》的观点,一条条予以反驳。表面看来,这是一封论宗教的书信。① 两个持不同宗教意见的人之间的论辩,或者说一个新教徒对天主教会的大主教的反驳——但多么耐人寻味,卢梭反驳博蒙,引用的却是某个天主教的《萨瓦代理本堂神父的信仰自白》!

这还是一封避谈政治的书信。"唯一没有谈到的一点与论政府有关,我很愿意手下留情。"(1002)整封书信只字不提政治。草稿中原有三段文字(10,11,12)长篇谈及政治话题,定稿时也被细心删除了。全书只有一处出现政治话题,却是作为一种假定,目的是阐释教育问题(941-942)。但单单一处隐微的暗示就足以发人深思。

卢梭假定,有人前来警醒世人,人们费心寻求好政府以解决社会弊端,殊不知政府就是社会弊端的起源。这一段谈论什么才是最合乎道德的教育,这个假定似乎在暗示,教会试图解决青年教育的弊端,殊不知教育的弊端就在教会本身。在短短几行文字里,卢梭连写两次"但问题不在这里"(942),相当让人在意。问题不在教育,或问题不在宗教?问题不在卢梭与博蒙的貌似激烈的论战,还是问题不在迫害?归根到底,问题又在哪里?

无论如何,久经沙场的卢梭深谙论战技巧。反驳博蒙实在是驾轻就熟的事儿。他一边不住强调对主教的敬重,一边毫不客气

---

① 参看法文本导言:全集,IV,CLXXVII。

地大加责难和挑衅。"您总是不加领会就查禁"(953);"您和其他许多人一样,根本没有明白我在书中这一段的意思,却任意加以抨击"(949);"我喜欢转述您自己的用语,这是我最恶毒的行为了"(986);"在您的《主教训谕》中,我认为这是最漂亮的段落。再没有人能做到如此讨人欢喜的嘲讽,如此富有才智地诽谤一个人"(1004)。对话中除了机智有力的辩驳,不乏讽刺和逗趣的小噱头,必要时更有呐喊和哭泣等手段。我们说过,卢梭不指望说服博蒙,他在意的是缔造一个受迫害的作家形象,一个敢于反抗强者求诉正义的弱者形象。书信结尾再明确不过地印证了这一用意:

  您若是像我一样的小民,我若能在某个公正的法庭上检举您,我们若能一同出庭,我带着我的书,您带着您的《主教训谕》,那么,您肯定要被判有罪,肯定要因为您对我的冒犯而作出补偿。然而,您的身份允许您无须做到公正,而我却一无所是。(1007)

  这个苦心经营的受迫害者形象自然不是给博蒙看,那么是给谁看呢?

  至此,我们还没提到歌队的存在。它是使这封书信成就为一场真正意义的戏剧的根本因素。卢梭就像尼采说的把观众带上了舞台。庞大而混杂的歌队。里头有少量的朋友和大量的敌人,更有各色潜在的读者。鉴于卢梭不只为同时代的人写作,他在文中常常提到未来的读者,我们不妨斗胆想象自己站在歌队的最边缘,睁着一双愚钝的眼,竭力想看清舞台上的动静究竟是怎么一回事。

  这是一出悲剧。它讲述一起不合常理的封杀事件。巴黎主教封杀一个新教作家,巴黎议院封杀一名日内瓦公民。被封杀者既不是罗马天主教徒,又不是法兰西人。在这个异邦的舞台上,人们不仅当众焚毁一个外乡人的书,还要下令逮捕他本人。歌队一上台就入了这个迫害现实的戏。

为什么《爱弥儿》特别惹麻烦?卢梭一再强调自己作品的统一性(928)。自当作家以来,他一直在表达同一种观点。写在《爱弥儿》中的话,早就在从前的作品中说过了。爱弥儿的教育原理与两论的观点一脉相承,《萨瓦代理本堂神父的信仰自白》早在《新爱洛依丝》的朱丽临终前有过体现。《致博蒙书》的字里行间反复强调,博蒙的用意绝非只是封杀一本书(935),迫害指向卢梭本人。

依据法国知识界的优良传统,这本该是智识分子发挥重大作用的时机。类似的例子不胜枚举,十八世纪的卡拉斯事件,十九世纪的德雷福斯事件,二十世纪的介入运动……然而,在卢梭扮演主角的这出戏里,智识分子令人吃惊地沉默了,启蒙哲学家阵营没有伸手挽救昔日的伙伴。虽然有人传说,伏尔泰在费尔奈获悉卢梭的遭遇时,老泪纵横地喊过:"请他到我这儿来!我会像对待亲生儿子那样对待他!"①

公众的冷漠令这起封杀事件带有现代性的荒诞色彩。歌队若能恢复昔日的歌唱能力,必要追述,在逃亡的路上,卢梭曾仿旧约圣经写过一篇散文诗《以法莲的利未人》。利未人本是以色列人中最受尊敬的一支,专事祭司,他在便雅悯人的城里遭遇匪徒,妻子被凌辱至死。1876 年夏天和秋天的卢梭真诚地感到与利未人相似

---

① 古耶(Henri Gouhier),《卢梭与伏尔泰:两面镜子里的肖像》,裴程译,华东师范大学出版社,2008 年,页 286 – 287。

的悲惨处境。

传记作者①都会提到,卢梭在这一时期立过几次遗嘱。精神的剧痛加上身体的顽疾令他自觉不久于人世。卢梭相信自己的写作生涯将随《致博蒙书》而终结(929)。在搁笔以前,他还有话要说。他在开篇提起公众的轻信(928)绝不只是嘲讽,那是他真正的担忧所在:"那些根本不思考什么有益什么有害的人,只用一句话就致使轻信的公众反感一位带有良好意图的作者。"(983)既然当世的读者会被误导,未来的读者也必有误读的隐患。有必要给未来的潜在读者留一份"阅读指南",帮助他们理解真相:

> 但你们的叫嚷总要停止;我的作品却会流传后世……但愿[未来的读者]从书中学会比他们的父辈更公正!但愿他们从书中汲取的德性替我报仇,摧毁你们的咒骂!(983)

《致博蒙书》是"将死者"卢梭的最后机会。他为此导演了这场迫害的戏,不是为了哭泣,获得同情,而有深远的用意。迫害是一种提醒读者的手段。在聚集围观的歌队中,总会有聪明的读者明白如下道理,并教导其他渴望变得聪明的读者:

> 迫害产生出一种独特的写作技巧,从而产生出一种独特的著述类型:只要涉及至关重要的问题,真理就毫无例外地透过字里行间呈现出来。这种著述不是写给所有读者的,其针

---

① 《卢梭传》,前揭,页308等。

对范围仅限于值得信赖的聪明读者。①

卢梭在《致博蒙书》中留给未来读者的"阅读指南"不是别的，正是施特劳斯在《迫害与写作艺术》中揭示的这种迫害状态下的独特的写作技巧，也就是"字里行间"的隐微写作方式。歌队中将会有细心的人发现，卢梭所展示的技艺与施特劳斯的陈述惊人吻合。

在开场自述迫害处境并引出两个论战人物之后，书信以援引加反驳《主教训谕》的近乎枯燥的方式展开。卢梭"以一种乏味的方式来陈述他所抨击的观点……使用许多专门术语、给出大量引文，过分看重一些无关紧要的细节，把注意力集中于学究们的琐屑争吵"②。这种状况在全书中只有一处例外。相关文字占近三十页篇幅（959 – 986），处于全书的中心位置。卢梭反常地既没有援引博蒙的《主教训谕》，也没有援引《萨瓦代理本堂神父的信仰自白》。不仅如此，他不再含糊地说些"问题不在这里"的暗示，而是在一开始就明确地提醒读者："我们现在触及最重要的争论核心。"(959)③

这段文字无疑是全书的核心部分。卢梭奉献给歌队一份他本人的"信仰自白"。在声称饱受非议的《萨瓦代理本堂神父的信仰自白》是本世纪里最好最有益的著作之后，卢梭表明，"我要陈述我的宗教，因为我确实有一个宗教"(959)。这个部分讨论的内容大致又可以分成五个小部分：

一、陈述"我的信仰准则"(959 – 962)；

---

① 施特劳斯，《迫害与写作艺术》，刘锋译，华夏出版社，2012 年，页 19。
② 同上，页 18。施特劳斯做出的一般性总结完全适用于卢梭的个例。
③ 古耶通过对比《致博蒙书》的草稿与定稿，分析书信全文的结构。详见"法文本导言"。

二、反驳无神论或不信神的批判(962-966);

三、真诚与谎言(966-968);

四、宗教的两种标准(968-977);

五、信仰宽容(977-986)

第四部分提出检验宗教的两种标准,一种以超自然的真理为依据,另一种"以宗教在这个世界上所造成的世俗道德效应为依据,也就是以宗教带给社会和人类的好与坏为依据"(969)。以此区分了个人宗教与公民宗教。卢梭看来只关注第二种标准,并假设了一种"适合所有民族的共同宗教"(975)或"基本宗教"(977等),也就是《社会契约论》里的公民宗教,它取缔了传统中的各种宗教。

在这个前提下看卢梭在第一部分声称"我是基督徒",又说"基督宗教的基本真理有助于建立各种良好道德"(960),他的信仰宣言应划在公民宗教的范畴。那么他的个人宗教是什么呢?卢梭本人讳莫如深。歌队只知道,萨瓦代理本堂神父的信仰带有明显的"多神异教"色彩①,博蒙提出这一点,令人惊讶的是,卢梭没有否认(598)。

第五部分在谈及信仰宽容时,突然引用一大段琐罗亚斯德教徒在伊斯兰教徒面前的申辩。在"见证世界开端"②的古老的琐罗

---

① 萨瓦代理本堂神父以二元宇宙论否决创世学说,这种"自然神论"恰恰源自希腊哲学。

② 卢梭强调琐罗亚斯德教"见证了世界的开端,预见并标记了世界的秩序"(981),让人想到萨瓦代理本堂神父的宇宙起源说。在援引琐罗亚斯德教徒的申辩之后,他又说:"我试着让您明白,《萨瓦代理本堂神父的信仰自白》是在何种精神状况下写出来的,又是出于何种考虑而被发表的,"(983)这些都进一步印证了我们的推测。

亚斯德教面前,伊斯兰教是"新兴宗教",并且深受对方影响。然而,一个琐罗亚斯德教徒因为娶了一个穆斯林女子,而被其他穆斯林判了死罪。在不能直接说真话的时候,卢梭喜欢拿不相干的事例作隐喻。这里似乎就是这种情况。倘若我们的理解没有错,那么,琐罗亚斯德影射古代异教传统,穆斯林影射"当下的基督徒",娶穆斯林女子为妻,暗指卢梭从异教哲学的立场出发,接受"福音书的教义",做了"耶稣基督的弟子"(960),而他的一番苦心也落得和琐罗亚斯德教徒一样的下场。

剩下第二部分,卢梭在这一段反驳人们对他的宗教信仰的诸种指责,行文采用咄咄逼人的排比造句:"倘若我当众宣传无神论……",结尾的一句总结尤其惹人关注:

> 我在一切事情上都是诚实的人,我在我的世纪里乃至别的好些世纪里都是唯一一个诚信写作、心口如一的作者。(965)

这句话引出了第三部分关于谎言与真诚的言说。这个部分只有短短两页余篇幅,从其中心位置看,当为"核心的核心",重中之重。值得一提的是,这是整个部分中唯一不涉及宗教的段落。卢梭一上来就"以简洁、活泼的文风写下三四个句子",直逼"争论的核心",在歌队中,这么做"最是容易引起喜欢思索的文艺青年注意":①

> 可是,对公众坦率是不合时宜的!可是,不是所有真相都

---

① 《迫害与写作艺术》,前揭,页18。

适合说出来！可是，尽管所有明智的人都和您想得一样，普通民众(le vulgaire)也这么想就不好了！(966)

区分"智者"与"俗众"是隐微写作的根本要义。① 在这里，卢梭假意质疑这个观点，但随即又补充道："这么一条可疑而含糊的准则，就算本身是对的，实施起来却有可能犯错"(966)。在下一页，他很快申明立场："我承诺在一切有用的事情上说出真相"(967)，换言之，在对公众无益的事情上保持沉默。在卢梭看来，确乎不是所有真相都适合说出来！

那么，什么能说，什么不能说？单单从这里讨论的宗教问题来看，公民宗教有助于世俗道德建设，对社会和人群有益，值得大说特说；个人宗教——

> 与道德无关、无论如何也不会影响品行和触犯法律，每个人以自己的判断为主，谁也没有权利同时不存在利益去规定其他人的思考方式。(973)②

歌队刚才留意到，卢梭的个人宗教带有多神的异教色彩。隐微写作归根到底是一种可以追溯到古代的政治哲学传统。古典哲人们相信，哲学从根本上是"少数人"的特权。公民宗教与个人宗教的区别因而隐含着社会与哲学的对峙，其实就是多数人与少数人的区别。行文在这时点到启蒙的名，显得自然不过。这也是全

---

① 《迫害与写作艺术》，前揭，页28。
② 另参《社会契约论》，第四卷，第八章，参全集，III,468。

书唯一正式提及启蒙的地方。

> 启蒙与淫乱的发展总是基于同样的原因,我指的发展与个人无关,而与大多数人(les peuples)有关;我一直很当心做出这个区分,可惜在抨击我的人中没有一个能够理解这一点。(967)

自《论科学和文艺》以来,卢梭就以科学对社会和人群有害为由抨击科学。这里一如既往是在重申同一种反启蒙姿态。"人绝对不能只受一半教育"(968),既然哲学或科学只属于少数人,公开传播哲学真理或科学真理就是不可能的,大多数人受启蒙就是"只受一半教育",启蒙运动公开宣扬无神论,必然致使人群怀疑公民宗教,也就是致使一个追求自由民主政体的社会丧失政治德性的支持。

卢梭在第二部分反驳无神论,因而把矛头指向了启蒙运动。施特劳斯精明地指出,卢梭"首先是为哲学着想而抨击启蒙运动"。[①]因为,卢梭看到启蒙运动有两个危害,首先是城邦的败坏,更重要的是哲学的败坏——哲学一旦成为时尚,其结果就是哲学本身的败坏,哲人被赶出城邦。换言之,卢梭为了哲学而反启蒙,为了反启蒙而需要宗教。公民宗教的存在合理性是有用而不是真实。在这样的语境里,琐罗亚斯德教徒最后的话显得意味深长,不妨视为迫害状态下哲人对社会的呼告:

[①] 施特劳斯,《苏格拉底问题与现代性》,刘小枫编,华夏出版社,2008年,页69以下。

我们在弥补你们受一种破坏性宗教的伤害。相信我吧,让我们继续奉行对你们有益的信仰崇拜;倘若有一天我们只尊崇你们的信仰,你们才应该感到恐惧:这会是你们所能遭遇的最大灾难。(983)

　　启蒙年代的卢梭采取力挽历史狂澜的"反启蒙"姿态,这似乎也就是任何年代的哲人在自己所处的城邦所能采取的唯一姿态。这个姿态很难为人所理解,甚至很难为原本对卢梭有好感的人所理解。迫害因而是哲人的天命。演员卢梭尚在大感委屈,导演卢梭却知道,这出迫害的戏之所以大获成功,迫害神话之所以能够影响后世,是因为归根到底已经无从分辨戏里与戏外的区别。

　　至此,我们大约了解了卢梭的"阅读指南"。这封通篇"只谈宗教不谈政治"的书信,事实上通篇在谈论政治德性问题,并且时时暗示,即便在一个迫害年代里,只谈宗教不谈政治也是不可能的。虽然站在歌队的最边缘,我们自信依然看得很清楚,这段近三十页的文字堪称为隐微写作的典范。

　　但还有一个小疑惑。我们这些歌队边缘的"喜欢思索的文艺青年",我们这些"渴望变得聪明的读者",我们究竟是"多数人",还是"少数人"？当卢梭意味深长地说"读者不懂,您也不懂"时,我们究竟该把自己定位在何方？对于自信爱智慧的文艺青年来说,这个疑惑不但不小,简直要命。苏格拉底的智慧不可模仿,按某些真正的聪明人的说法,这甚至不是什么重要的问题。[①]我们所能模仿的看来只有苏格拉底的姿态。

[①] 施特劳斯,《自然权利与历史》,彭刚译,三联书店,2003年,页269。

那么,我们真的不懂。

* * *

本书依据法文七星全集本第四卷(Jean-Jacques Rousseau, *Œuvres Complètes*, IV, Paris: Bibliothèque de la Pléiade, 1969, pp. 927 – 1007)译出。全集本的页码位置统一标注在译文正文的方括号内。随文译出了全集本导言和注释,以供读者参考。

本书多处提及《爱弥儿》第四卷中引发争议的"信仰自白"段落(La profession de foi du vicaire savoyard)。Vicaire 本系天主教神职,位列"本堂神父"(curé)之下,该词源自拉丁文 vicarius,意指"代理、候补"。身为新教徒的卢梭借这么一位职位卑微的天主教徒之口发表异议,显然有特殊的用意。本书中统一将 vicaire savoyard 译作"萨瓦代理本堂神父"。

十六世纪以来,天主教和新教的圣经汉译工作是分别展开的,种种缘由导致汉语译名上出现了许多差异。有趣的是,在这封日内瓦新教徒写给巴黎天主教大主教的公开信中,独特的汉译现象反倒在某种程度上有助于反映原文字里行间的微妙关系。这里简单说明 Dieu 的译法:凡是援引博蒙《主教训谕》的段落,本书中统一译"天主";凡是卢梭自己陈述的,即便是复述博蒙主教或"萨瓦代理本堂神父"的说法,统一译"神"。

附录中的卢梭未刊文《启示的假想或寓言片段》(*Fiction ou Morceau allégorique sur la Révélation*)依据法文七星全集本第四卷(同上,pp. 1044 – 1054)译出。这篇短文在手稿中本无标题,卢梭生前亦未出版。手稿藏于日内瓦图书馆(编号:MS. fr. 228, folio 1 – 6)。它首次发表在 1862 年的《卢梭未刊著作与书信》(Streckeisen-Moultou 编,*Œuvres et correspondance inédites de J.-J. Rousseau*,

Paris, pp. 171 – 185），现有标题系编者所拟。尽管读者可以从《萨瓦代理本堂神父的信仰自白》或《新爱洛依丝》中朱丽的临终告白中了解卢梭就启示与理性的系统论述，但这篇不足万言的短文始终引人关注。它以文学手法虚构了一个哲学与宗教的故事，重新审视了希腊精神与基督宗教传统的内在关联。它所焕发出的本真的神话叙事魅力在卢梭著述中实属罕见。晚近一般认为，这篇短文写于卢梭在蒙莫朗西隐居期间。译者量力而为还添加了一些注释，不当之处，盼读者批评指正。

吴雅凌

2012 年 12 月

法文本导言

古耶(Henri Gouhier)著

1762年5月22日,书商杜什纳带了几本《爱弥儿》的样书到蒙莫朗西给卢梭和他的朋友们。此书一经问世即成丑闻。六月初,巴黎警察局查禁该书。6月7日,索邦神学院公开表态:委员会向常任代表提出,"一本名为《爱弥儿,或论教育》的书正被广泛传播,不幸的是,该书作者素因曲解和谬误而名声在外,该书有悖信仰和风俗,一味的追捧必将带来致命的危害。"作为结论,谴责书在引用了《爱弥儿》中的几个片断之后继续写道:"委员们一致同意将该事件列入下届分院全体大会的议事程序,以便决定采取最有效的措施,捍卫遭到该书猛烈攻击的宗教。"7月1日,全体大会成立了审查《爱弥儿》一书的撰稿委员会。不过,6月9日还发生了另一件事。它更加严重地打击了卢梭的生活。巴黎议院在当天下令"在法院台阶前当众撕毁和焚烧该书……"。销售自然是被禁的,已经拥有该书的人必须"把书呈缴至法院书记室,统一销毁"。最后还下令"逮捕在卷首署名的让-雅克·卢梭本人,监押至巴黎裁判所附属监狱,留待听讯和审问……并就总检察长的公诉状做出答辩"。

我们已经知道卢梭如何连夜逃离法国。他在伊弗东得知日内瓦的判决比巴黎有过之而无不及。不到一个月,伯尔尼政府就下令驱逐他,他没有时间安顿。7月10日,他总算逃到莫蒂埃。博蒙的训谕已经等在那里。《主教训谕》在1762年8月20日写成,28日发表。巴黎总检察长既以信仰权威的身份发了话,巴黎主教就不能再保持沉默。从卢梭的回信中,我们感觉得到他的苦涩心情,他还没有从情感巨变和旅途劳顿中恢复过来。与此同时,我们还感觉得到一名写作者在稿纸前重新提起笔时的喜悦心情。

6月8日至9日凌晨,卢梭临时被催促逃离蒙莫朗西和法国。自那一刻起,他岂能不感到自己在整个欧洲被围追堵截呢?他成了千夫所指:世俗当局和宗教权力,天主教和新教,祖国日内瓦和移居的法国……他感到四面楚歌。重要的是,他虽自称公民,却毫无与民同在的慰藉。《忏悔录》第十二卷中的回忆满带苦涩的失望之情。面对日内瓦既违法又荒谬的通缉令,卢梭原本生怕"这样明显地从良知的法则起破坏一切法则的行径会把日内瓦闹得天翻地覆",但他又补充道:"我很快放了心,一切平静如常。倘若在无知的小民中起了什么流言,那一定是冲着我的。"(全集,I,590)

这一切打击因为始料不及而更显粗暴。在找回一定程度的安全感之后,卢梭思量起几个月来的变故,他事先从未想过这一切会发生的可能性,这令他愈发感到不可思议。《致博蒙书》恰恰反映了这种精神状态。他提起了"自己运命中的几多古怪",古怪的命运,只发生在他一人身上:"所有这些构成一场巧合,闻所未闻。"他寻求变故的原因,并逐渐形成以阴谋来解释的念头。我们应注意到,这个念头的产生有事实说明可凭。卢梭自问:为什么会有这些迫害?与我的思想有关吗?如果是的话,人们用不着等到现在,《爱弥儿》的教育思想建立在两论阐述过的原理的基础上,在《萨瓦代理本堂神父的信仰自白》(下文简称《信仰自白》)之前,早就有朱丽临终前的信仰自白了;既然迫害我的思想只是一个借口,那么人们就是想迫害我本人了。

这就是卢梭的推论。他收到《主教训谕》,读过之后决心回复。他动作很快。1762 年 12 月 1 日,他对书商雷说起这封回信:"两个月来,我关门写作这篇书信。"(《书信集》,XIV,146)两个月以来,也就是说自十月初起。事实上,从 9 月 9 日写给穆尔图的信中看,卢梭当时还只是听说《主教训谕》的存在:"有人告诉我巴黎大主教刚刚颁布了一份和我有关的训谕……"(同上,107)9 月 26 日,他收到《主教训谕》文稿(同上,161)。卢梭显然当即做出公开回应的决定。几天以后,他就着手写作了。这是怎样的写作呵! 在 12 月 1 日写给雷的信中,他说道:"我一刻也没歇下来,甚至不惜牺牲健康状况,估计帝王节(1 月 6 日)前后可以把手稿寄给你,最迟也在六周内。"(同上,294)手稿在 1 月 1 日寄出,同年三月问世。

纳沙泰尔图书馆收藏了《致博蒙书》的草稿原本。研究这些草稿,让我们看到一种工作状态的思想,按伯格森的说法,一种创作状态的"创作情感"。我们在这里不会谈论区分内容与形式的诸种模式、思考时间与写作时间、计划构成与论述撰写。思想和文字一道涌在纸上。在最初的喷涌中,思想连着文字,文字连着思想。在记忆和新词组成的不断变化的内容中,有序与无序并存,或者说彼此依存。思想寻求着并找到了手中的笔。

思想寻求着……不是真相,因为真相就在眼前,而是令真相尽可能地震撼人心。思想知道要往何处去;在字里行间激活思想的意图与其说属于哲学范畴,不如说属于修辞范畴。属于哲学范畴的,萨瓦代理本堂神父早就明白而全面地揭示过了,没有什么好补充的。现在要做的,是让那些有眼却看不见、有耳却听不到的人了解事实真相。巴黎大主教自以为对引导爱弥儿认识神学的天主教神父享有权威,那么,务必提醒他,萨瓦代理本堂神父并不在他的教区管辖范畴。由此,陈述带有论战意味,证据直指效果。卢梭显然不希望说服博蒙本人:他的目的是让博蒙闭嘴。同时也让所有以某个教会(不管是什么教会)的名义谴责自然宗教的人闭嘴。把矛头同时指向天主教的主教和新教的执事们,堪称一石二鸟。

《致博蒙书》的草稿展示了作者将严密的论文转化成有效的论文的努力。这些草稿集中写在一个笔记本中,大致分成两大部分。第一部分起始于第13-14页,结束于第36页。第二部分从第111页开始,在第143页结束。在这个初稿的基础上,卢梭做了调整,形成定稿,定稿没有保留笔记本中的初稿的行文顺序。

——定稿的开篇见于初稿的第111-133页,即全集本的第927-959页。

——接着是初稿的第14-33页,即全集本的第959-986页。

——接着是初稿的第133页至第二部分结尾,即全集本的第986-1004页。

——最后是初稿的第34页至第一部分结尾,即全集本的第1004页至结尾。

在初稿的两大部分中,很难说清楚哪一部分写在先,哪一部分写在后。这两大部分文字看起来彼此相对独立。让我们来看一看它们被调整以前在初稿中的原貌。

第一部分开头,卢梭提到他在定稿中声称的"最重要的讨论"(959)。"您抨击……我的宗教":第一项工作就此启动。卢梭要纠正主教的评判。他不是要为自己辩护,而是要证明自己。我是基督徒,我是新教徒,我从未向哲学家们的无神论做过让步,尽管我曾经生活在哲学家的圈子里。只有不正直的人才胆敢直接或间接地怀疑我的言语的真实性、我的情感的真诚度。这不是一篇法庭辩护词,而是一份自我申辩书。在公开承认自己的信仰时,卢梭不仅表达了他所信的,还宣扬了真理。《致博蒙书》的作者试图利用这个机会宣布,他的写作者生涯就此终结。在搁笔之前,他要解释自己当初为何执笔:他写作是为了让世人认知真相,这种真相恰恰就是真正的宗教的真相。对他来说,担当"信仰自白"的责任,就是要澄清自己全部著述的意义。在第二段里,他声称那是"我发表它的这个世纪里最好最有益的著作"(960)。

卢梭是基督徒,却不是巴黎大主教所理解的那种基督徒。卢梭是新教徒,却不是日内瓦牧师们所理解的那种基督徒。他必须消除模棱两可。他在莫蒂埃参加圣事,在礼拜堂中与某种历史上的宗教也就是特殊宗教的信徒亲如弟兄,他是在信奉"根本宗教"也就是普遍宗教,所有以基督为名的历史的和特殊的宗教只不过是这种根本的和普遍的宗教的或近或远的变形。他赶紧定义自己对这些历史的和特殊的宗教的态度:按我们今天的话说,他把这些宗教视为社会学范畴的现实;只要不违背"根本宗教"所隐含的道德要义,它们的存在就含带某种形式的权利,在这个层面上,卢梭甚而承认了主教所代表的宗教的权利。不过,在这一点上,冲突不可避免;天主教会的罪恶的不宽容恰恰烘托出了萨瓦代理本堂神父超越教义和教会组织而发现的宗教在道德方面的纯洁性。这样,卢梭自然而然地回到他的出发点:他在开头自诩写下了《信仰自白》这一纯宗教性的段落,最后则预见到了必将重复他的话语的未来世纪(984 – 985)。

在撰写上述内容时,卢梭完全没有提及《主教训谕》。这是思想与思想的交锋。草稿的前二十页,也就是定稿中的第959 – 986页,既没有援引巴黎主教的文本,也没有提及后者的任何评判。卢梭仿佛在读罢《主教训谕》时本能地发觉在自己与对手之间竖立着致使对话变得不可能的宗教概念。他只有交代清楚,才能轻松地重新打开《主教训谕》。抽掉定稿中的第986页至第1004页,我们不难发现初稿的行文原貌。

紧接着,卢梭重读了巴黎主教在《主教训谕》开篇所刻画的作者形象。他在每句话的后面塞进一句读者的高声评价:这就像戏剧念白。不过,两种声音的独白很快转为作为全书结尾的长篇大论。

如果说草稿的第一部分含有全书的结尾,第二部分则含有全书的开篇。《致博蒙书》的开篇很有可能在定稿时写成。在第一小段的连续提问后,卢梭解释了之所以回应主教的原因。当行文进行到草稿第112页时,卢梭深知开篇的话必然带给读者何种影响。他们将不得不承认这个日内瓦新教徒的古怪处境:巴黎议院似乎把他当成法兰西国王的臣民,巴黎主教则似乎把他当成罗马天主教徒。卢梭不明白人们为什么要等到《爱弥儿》问世才谴责他自开始写作以来一直在重复表达的观点。在开篇中,他强调了自己的思想的一致性及其基本原理:他的所有著述旨在揭露人的自然天性与人群的历史之间的矛盾,以及本质的善与成就人类社会文明的偶然变异所引发的败坏之间的矛盾。

上述内容——也就是全集本的第 927 – 939 页——没有提及《主教训谕》。这同样是思想与思想的交锋。卢梭的"基本原理"与信守原罪的巴黎主教格格不入。在儿童教育上他们同样无从达成共识。在揭示了这种不可调和性后,卢梭重新翻开《主教训谕》,这次不是为了自我辩护,而是为了抨击对方。只需读上十来页,他就能找到发表意见的机会。主教谈论教育,不可能避开教理讲授问题。卢梭毫不迟疑地借机援引萨瓦代理本堂神父的观点,重申后者的神正论思想。

人通过理性和良知来认知《信仰自白》中的神。当然,理性和良知在神的问题上所知甚少,甚而不能肯定神就是世界的创造主。但这一点点认知至少是可靠的,足以建构道德。换言之,类似的神正论思想必然含带对启示说的批评。现在再把定稿的第 959 页与第 986 页连在一起读,我们就能体会草稿的行文连续性。在重申《信仰自白》中有关"指引一切"的智力意愿的说法之后,卢梭逐字逐行地评论巴黎主教的愤慨言论,博蒙谈论了萨瓦代理本堂神父的古怪宗教:他拒绝在神和自己之间存在任何中间人,否认神迹,怀疑启示,并且似乎看不出不同教会之间存在重要的差异。卢梭还饶有兴味地顺带举了巴黎冉森派的神迹的例子……显然,这个写作任务并不像他在结尾时声称的那么枯燥无味(1002)。

这样一来,我们看清了卢梭将草稿整理转化为定稿的过程。

首先,他自然而然地从草稿的第二部分开始:追诉近期的不幸遭遇、开始自传式的阐释、宣扬与原罪论相悖的"基本原理"、评论《主教训谕》的开篇、批判传统教育、信仰理性和良知的神。

其次，为了配合《主教训谕》中陈述罪状的顺序，卢梭不得不对比自然宗教的神与各种历史宗教的神。行文在这里暂时离开草稿的第二部分，转入长篇的基督宗教信仰自白，这也是草稿的第一部分的主要内容。

再次，卢梭随后又回到草稿的第二部分，并评论起《主教训谕》中的观点，内容涉及没有中间人、没有神迹、没有启示的宗教这个问题。

最后，在完整地重写了草稿的第二部分之后，卢梭回到第一部分，以这个部分的结尾作为整篇书信的结尾。

我们很难说清楚定稿与草稿的行文差别究竟含有何种意义。① 卢梭时而令草稿中的某个观点更显尖锐，时而又修订了草稿中评判过于生硬的说法。总的说来，他没有减缓而是浓缩了初稿中的灵感力度。在他看来，私人隐秘和神学讨论是对《主教训谕》的必要答复。涉及这两部分内容时，手法与思考只有在作品遇到即兴发挥的修辞需求时才会做出让步。讥讽一直是辛辣的，愤怒总是一触即发，对正直的呼求也始终悲怆。不过，卢梭也删除了一些论战内容脱离书信主题的段落，比如影射保罗与彼得两位使徒的冲突的第 5 段，② 或语气强硬的第 13 段。③ 出于同样的原因，他还删除了涉及政治问题的第 10、11、12 段，④ 他似乎不想在书信中讨论"政府问题"（1002）。反过来，在思考限定的范围内，他增加了对《主教训谕》的援引，补充了两个版本的出处页码，他愉快地复述了

---

① ［译按］关于这个问题的探讨，参看"中译本导言"。
② ［译按］全集, IV, 1015 – 1016。
③ ［译按］全集, IV, 1018 – 1022。
④ ［译按］全集, IV, 1022 – 1025。

《信仰自白》中的章节，他还添加了注释，引用了权威著作。简言之，他补全了文献材料，以确保书信的严密性。

1763年问世的《致博蒙书》是反映"让-雅克·卢梭的宗教"的文献中的重要作品。草稿第一部分开头的那句"我是基督徒"不仅带有显而易见的真诚，更是萨瓦代理本堂神父所建造的朴素然而坚实的神殿里的拱顶石。这不是什么情感流露或抒情活动：我们已然触及良知光照下的理性自《论科学和文艺》直至《爱弥儿》所建立的哲学的核心。卢梭将这种基督宗教称为"人性的和社会的宗教"（976）。换言之，基督精神和人文精神在彼此的内涵中找到了共同本质。

即便不是冉森派信徒或加尔文派信徒，读者也难免疑惑，卢梭的基督宗教过于人性化，以至于不再是基督教的。无论如何，《致博蒙书》质问冉森派思想，隔年问世的《山中书信》把矛头指向加尔文神学，这些都不是偶然。在这两部书信中，卢梭意识到基督宗教思想具有敌视人文精神的最极端的两种倾向，他试图借助人文精神从基督宗教思想中连根拔除的也恰恰就是这两种倾向。他反对一切强调原罪说、恩典的功效、人类事功的欠缺、宿命的神秘、人生在恐惧和战栗中的悲剧意义的基督宗教，正是在这层意思上，他自视为基督徒。无论冉森派信徒真的否认《信仰自白》，抑或这只是一段想象的剧情，卢梭的担忧始终具有象征性的真实意味。

致博蒙书

日内瓦公民
让-雅克·卢梭
致
巴黎大主教
圣克鲁公爵、法兰西之父
圣灵骑士团受封成员
索邦神学院学监
克里斯托夫·德·博蒙

请原谅我言辞放肆,我这么做不是要冒犯您,而是要自我辩护。我把您想得太严肃审慎了,没有发觉正是您逼得我来反驳您。

奥古斯丁,"致帕桑提乌斯"(《书信集》,238)①

---

① [全集本注]Saint Augustin, *Epistulae*, 238, *ad Pascentium*, 29。[译按]帕桑提乌斯(Pascentius)是阿里乌斯派信徒,出身显赫,曾与奥古斯丁在迦太基就三位一体问题展开辩论。依照当时惯例,类似的神学辩论必须有书记官现场记录。但据说帕桑提乌斯为人不甚严肃诚实,拒绝了当场记录,事后却自我标榜大胜奥古斯丁。奥古斯丁写信反驳他。在这封信中,奥古斯丁展示了高超的辩论技巧,既委婉巧妙,又坚定不屈。全信共29节,卢梭援引了结尾处的文字,显然有影射意味,用心良苦。

致博蒙书

[927]大人①,为什么我有些话非得对您说呢?我们能有什么共同语言?我们如何能听懂彼此的话?您与我又有何干呢?

但我不得不回应您。您本人迫使我这么做。您若只抨击我的书,我会随您说去,但您还抨击我的人身。何况,您在人群中的威望越强大,我越不能在您试图破坏我名誉时姑息沉默。

在开始写这封信时,我不禁想到自己运命中的几多古怪。这只发生在我一人身上。

我生来有几分才华。公众是这么评价的。但我年轻时在一种幸福的懵懂之中度日,丝毫没想过摆脱这种状态。就算我想摆脱,那也是怪事一桩:我在早年激情燃烧时没有出人头地,等到这股激情开始消退时,却又过分出人头地了。我年近四十时,既没有一向看轻的财富,又没有我后来为之付出太多代价的声名,我当时只有安宁和一些友人,这也是我发自内心唯一渴求的两样东西。我本无意,某个可悲的科学院征文题目却鼓动了我,把我抛向我天生不适合干的行当。一次意想不到的成功显示出种种诱惑,吸引了我。②成群的敌人不听我说就攻击我,他们的轻率挑逗起我的脾性,

---

① [全集本注]博蒙(Christophe de Beaumont),生于1703年,1741年任巴约讷主教,1745年任维也纳主教,1746年任巴黎大主教,1748年1月1日获圣灵骑士团(ordre du Saint-Esprit)荣誉勋章,1750年12月22日受封为圣克鲁公爵,1759年11月8日当选为索邦神学院学监,1781年去世。参看Treneuil, *Biographie universelle*(Michaud), Paris, 1854–1865, t. III, 411–413; Emile Régnault, *Christophe de Beaumont*, Paris, 1882。旧版卢梭书信集中收有一幅博蒙主教的肖像,参见C.G., IX,153。

② [全集本注]卢梭随后多次提及自己的人生分成两个阶段,如见《忏悔录》第八章(全集,I,349),《卢梭审判让·雅克》(全集,I,676)。写作《论科学和文艺》即是分水岭,《忏悔录》中追诉了发生在瓦森讷森林中的一幕(全集,I,351)。《忏悔录》中提及本封书信,参见全集,I,606,676及相关注释。

他们的傲慢也许还引发了我的傲慢。我为自己申辩,陷入一场又一场的争论,不知不觉入了这一行。我发觉自己成了作家,在我这个岁数早该放弃了。我发觉自己成了文人,连我自己也轻视这个身份。至此我在公众面前略有所成,但安宁和[928]友人也消失了。在捧起更可靠的饭碗、养成更有益的爱好之前,什么苦我没受过呢?我不得不咽下苦楚,凭靠些微声名承受一切。这对那些从不扪心自省的人来说也许是一种补偿,对我却不是。

当初我若有一刻掂量这般浅薄的好处,本该猛然醒悟呵!在公众对我的评判中,我居然没能觉察这种持续发生的喜怒无常。我离他们太远,他们评判我不能依据别的,只能依据引导他们的那些人的心血来潮或利益,不出两天他们全用同一种眼光看我。我一忽儿是黑暗恶棍,一忽儿是光明天使。在同一年里,我既受到夸耀、庆祝和研究,连宫中也不例外,又遭到辱骂、威胁、憎恨和诅咒。夜里有人埋伏在街上暗算我,天明又有人送来皇室密信。① 好事坏事几乎是同一批人做的。这在我这儿真是老生常谈。

我写作涉及了诸多主题,但始终遵循同样的原理:始终是同样的道德、同样的信仰、同样的准则,还可以说是同样的观点。然而,人们就我的书、更准确地说是就我的书的作者做出了全然相反的批评。这是因为,他们批评我依据的是我所谈论的材料,而不是我对这些材料的看法。第一论问世后,我是自相矛盾的人,处心积虑论证自己并不赞同的观点;《论法兰西音乐的信》之后,我成了国家公敌,差点儿没被当做阴谋家,有人几乎要说君主国的命运与歌剧

---

① [全集本注]卢梭在此影射1753年底《论法兰西音乐的信》出版所引发的"骚乱"和巴黎歌剧院的阴谋,参见《忏悔录》,第八章,全集,I,384–385及相关注释。

院的荣誉休戚相关;《论人类不平等的起源和基础》(以下简称《论不平等》)之后,我是无神论者、厌世者;《致达朗贝尔先生的信》之后,我是基督宗教道德的卫士;《新爱洛依丝》之后,我是多愁善感过分肉麻的人;如今我是亵渎宗教的人,不久的将来我也许会是虔诚的信徒呢。

愚昧的公众在我的问题上摇摆不定,既不知如今为什么痛恨我,也不知从前为什么喜爱我。在我看来,我始终是同一个人。我在寻索中热忱多过明智,但坦诚如一,即便批评自己也是如此;我单纯善良,却[929]敏感脆弱,常做坏事,而始终热爱善好;我看重友谊而不是物事,爱惜我的感情远胜过我的利益;我对他人一无所求,不想依靠他人,不向他人的成见①或意愿妥协,我的意愿就像我的理智一样始终保持自由;我敬畏神,但不怕地狱,理性思考宗教,不赞同不信教,也反对渎神和狂热崇拜;我憎恶不宽容者,远胜过憎恶宗教自由主义者;我不愿向任何人掩饰自己的思考方式,在一切事情上不伪装、不使诡计,我向朋友们倾诉自己的谬误,向所有人倾吐自己的感情,向公众阐明他们自身的真相,既不谄媚,也无恶意,我既不怕惹怒他们,也无心讨他们欢喜。这就是我的罪过,

---

① [全集本注]在《致博蒙书》手稿寄出八天后,卢梭写信给曼·雷:"我似乎写过和下面类似的话:'不向他人的意见(leurs opinions)或意愿(leurs volontés)妥协,自由地保留我的[意见,或意愿,或两者有之](les miennes)就像自由地保留我的理性。'这句话错在 opinions 和 volontés 都是阴性词,看不清楚 les miennes 究竟指代什么。整个句子因此显得含糊可疑,这是我最讨厌的状况。为了避免这种含糊性,必须把上述两个名词中的一个改成阳性词,这样的话 les miennes 就顺理成章地指代另外一个名词。所以,请把 opinions 改成 préjugés[成见],问题就解决了;不过请注意看看上下文中是不是已经用过 préjugés 这个词,在短短几行文字里重复出现一个词也是忌讳。"(书信全集,XV,15)卢梭写作时的细心慎微由此可见一斑。

这就是我的德性。

终于,我厌倦了这让人自我膨胀却无从满足的迷醉人的烟雾,恼烦了那些有大把时间又滥用我的时间的游手好闲之徒的忙乱。我渴求安宁,这安宁在我心中是那么宝贵,对疗治我的不幸又是那么必要。我满心喜悦地搁笔了。我很满意。从前我只是为我的同类人的利益才写作,如今为补偿这番苦心,我只求他们放任我在隐退之中平安老死,只求他们不伤害我。我错了。执达员纷纷前来,让我明白了这一点。正当我希冀结束生活中诸种烦恼的时候,我一生最大的不幸才刚刚开始。这里头已然带着古怪,但这还不算什么。大人,我请求您原谅我滥用您的耐心。在正式进入我与您的争论之前,有必要讲讲我目前的境况,以及把我逼到这种境况的缘由。

某个日内瓦人在荷兰刊印了一本书,于是巴黎议院经裁决焚毁了此书,这种做法毫不尊重主权者,尽管巴黎议院恰恰身负主权者赋予的特权。某个新教徒在新教国家提出反对罗马教会的异议,于是巴黎议院对他发布了逮捕令。某个拥护共和政体的人在共和国内部提出反对君主国的异议,于是巴黎议院对他发布了逮捕令。看来巴黎议院对自身权威持有古怪的想法,自视为全人类的合法法官。①

同是这个议院,在[930]对待法国人时极其当心诉讼程序的规

---

① [全集本注]1762年6月9日,巴黎最高法院查禁《爱弥儿》,并下令逮捕作者。参见《忏悔录》,第九章,全集,I,578 – 581,583 及相关注释。整个公诉状的言词激烈,带有显著的宗教色彩。参见 Gustave Lanson, *Quelques documents inédits sur la condamnation et sur la censure de l'Emile*, in Annales Jean Jacques Rousseau, I, 95–115。

范，事关某个可怜的外国人却忘得一干二净。他们不管这个外国人是不是这本署有其名的书的真正作者，是不是承认自己写了这本书，是不是授意刊印了这本书；①他们无视他的悲惨状况，毫不同情他所遭遇的不幸，一上来就下令追捕他本人；他们本想将他从床上拉走，关进恶棍无赖们长呆的监牢；他们本想烧死他，很可能事先不听他辩解。这起案件采取这么粗暴的手段，几乎找不出第二个例子，即便在设立宗教裁判所的国家也不会有。既然一开始就这样，谁敢说他们随后就会守规矩走程序呢？就因为我一人，这个智慧的法庭忘却了智慧。就为了攻击我一人，这个自诩温柔②的民族干下了最奇特的野蛮行径，而我还以为在他们那儿很受喜爱呢！在众多可供选择的避难所中，我偏爱这个民族，他们却这般印证了我的偏爱！我不知道这个过程如何能够与人的权利相适应。但我知道，有了类似的诉讼程序，任何人的自由乃至生命只好听凭最初的印刷工摆布。

面对一宗恶意中伤的起诉，法官们没有传唤被告，而是直接逮捕他。日内瓦公民不必对此等不义无能的法官行使任何义务。既然未被责令到庭，他也就没必要这么做。人们只用强力对付他，而他逃脱了。他抖落鞋上的灰尘，离开那片收容地。那里的人忙不迭地迫害弱者，不先听辩解，不先追究被告的品行是不是应受惩罚，不先证实对方是不是真的犯下罪行，随意就给外国人上镣铐。

他哀叹着抛却了心爱的孤独。他只存一件珍宝，他的友人们，他也回避了。他拖着虚弱的身子，忍受漫长的旅行。他到达一处

---

① ［全集本注］参见《对作家们的起诉》（残篇），全集，IV，1029；《忏悔录》，第十一章，全集，I，578 – 579。

② ［全集本注］参见下文，985；《忏悔录》，第七章，全集，I，591。

自由之地,以为可以歇口气。他离祖国越来越近。这个祖国,他多么以它为豪,依恋它、敬爱它。他满心希望得到欢迎,这将给他所遭遇的不幸带来慰藉……我该说什么呢?我的心在抽紧。我的手在颤抖。笔掉了下来。还是沉默吧。莫去模仿含当年犯下的罪。①我如何才能暗自吞咽下这最苦涩的痛楚呵!

这一切是为什么?我不问出于什么理由,而是问出于什么借口。有人胆敢指控我[931]亵渎宗教!他们没有想到,他们企图找麻烦的书,人人皆可读到。为了能够销毁这个凭证,妄称书中含有他们假装找到的一切罪证,他们还有什么做不出来!但这个凭证将留存后世,不管他们做过什么。后世的人们在书中寻觅作者被指控的种种罪行时,即便发现了什么谬误,也只会把它看成一个真理之友的过失。

我避免谈及同代人。我不想损害任何人。然而,无神论者斯宾诺莎平静地教授自己的理论。他毫无阻碍地刊印自己的著作,这些书被公开销售;他到过法国,得到友好的接待;所有国家对他开放,他处处受到保护,至少安全有保障;各国王公给他礼遇,为他设立讲坛;他平静地生活和死去,甚至得到敬重。今天,在我们这个备受赞誉的哲学、理性和人文的世纪里,一个神的诉讼案的辩护人(défenseur de la cause de Dieu)提出某些以至高的神的荣耀为前提的疑虑,带着谨慎,甚而带着敬意和对人类的爱,却遭到痛斥、驱

---

① [全集本注]1762 年,经日内瓦小议会判决,《爱弥儿》和《社会契约论》必须当众"撕碎和焚烧",其作者"一进入本市或本国领地,则立即逮捕",参见书信全集,XI,"附录",262 - 274;《忏悔录》,第七章,全集,I,590 - 591 及相关注释。含是挪亚的小儿子,他无意中犯下了目睹父亲醉中赤身裸体的罪,参看创世记,9:20 - 25。

逐和追捕，从一个国家到另一个国家，从一个流放地到另一个流放地，人们无视他的贫困，不同情他的残疾，任何行恶的人也不曾体验过这般强烈的迫害，即便是针对一个健康的人，这也算得上野蛮了。在几乎整个欧洲，他被切断了生路。人们把他赶进深山老林。多亏了某位显赫的保护者的坚定和某位见多识广的国王的善心，他才在山中重获安宁。①倘若他在各国政府晕头转向之际落入迫害者手里，那么他很可能被困在囚牢中度过悲惨的余生，甚至早就死于酷刑。

他刚摆脱刽子手，又落入神父们的手中。可是，这还不够让人吃惊的。某个灵魂和出身一样高贵的有德性的人，②某个本该制止这等卑劣行径的显赫主教，却授权准许他们这么做。他不觉得羞愧，他本该怜悯受迫害者，却参与迫害一个身处不幸的人。他是天主教主教，却对某个新教作者发放一通训谕。他走上审判席，以法官的身份审查某个异教徒的个人教义。[932]他不加区分地将所有不属于他的教会的人罚入地狱，不允许被责难的人以自己的方式流浪，而要规定好他前往地狱的道路。很快，他手下的其余神职人员蜂拥而至，围着那个他自认为打垮了的人猛加攻击。不论神

---

① ［全集本注］分别指纳沙泰尔总督"元帅勋爵"和普鲁士国王腓特烈大帝，参见《忏悔录》，第十二章，全集，I, 595–599 及相关注释。

② ［全集本注］在《忏悔录》第十二章中，卢梭重申对巴黎大主教的敬仰，正因为此，他认为有义务答复对方的训谕（全集，I, 606）。卢梭对博蒙的赞赏，显然因为后者有自主精神，勇气可嘉。据说他有一次当面对路易十五说："我的良心不允许我做任何妥协。"他顶着来自宫廷和最高法院的压力，竭力捍卫主教权威，并为此遭到流放。参见 Emile Régnault, 前揭, t. I, l. I, 第一、七章。1758 年，他颁布了反对爱尔维修的《论精神》的主教训谕，这个做法并未引起卢梭不满。

职大小,全都掺和进来。最不堪的人也来冒充能人,既然连议院和主教都联合起来打压一个人,还有哪个戴方形小领结的傻瓜、哪个懦弱的教区常客会错过踩这人最后一脚的光彩呢!①

大人,所有这些同时发生,闻所未闻,这还不仅如此……这或许是我一生中最艰难的处境之一。在类似处境下,复仇和自尊最容易得到满足,正义的人却最难保持节制。只需十行文字,我就能令迫害我的人变成没法抹去的笑料。我若不说,公众连两条传闻②也不会知晓!他们不知道谁在密谋损害我,不知道这些人如何采取行动!他们会看到,各种权势利用什么样可鄙的害虫、以什么样邪恶的方式在运作!他们会看到,在这些人的腐败中酝酿着什么样的念头,致使议院一片混乱!他们会看到,欧洲各国出于什么样可笑的原因联合起来打压一个钟表匠的儿子!倘若不是充当了被利用的工具,我本该兴致勃勃地欣赏他们的惊讶呀!

迄今为止,我的笔渴求述说真实,却不运用讽刺,从未损害过什么人,即便在捍卫自身荣誉时,也总是尊重他人的荣誉。我要放弃这个做法,用诽谤玷污自己的笔,沾染上我那些敌人的污点吗?不,让我们把在黑暗中打压别人的便利留给他们吧。至于我,我只想以公开的方式为自己申辩,我只想做的就是为自己申辩。要做

---

① [全集本注]卢梭很可能想到了索邦神学院发出的谴责书,以及《特勒弗日报》最早发表的几篇文章。参见《忏悔录》,第十二章,全集,I,591;G. Lanson,前揭,107 – 115。

② [全集本注]哪两条传闻呢?可能与《忏悔录》中提到的两个"长舌妇"有关,他们趁他不在的时候翻搜他的文件,以致有份清样消失了一天两夜(第十一章,全集,I,570)。另外也许还与书商居依讲给卢梭听的事有关,在日内瓦总检察长的家里,"书桌上放着一份反对《爱弥儿》及其作者的公诉草稿"(前揭,579)。

到这一点,只需让公众信得过,或在不伤害任何人的前提下做到让公众信得过。

在这起事件中,有一点令人惊讶,我在这里可以说一说。勇敢无畏的克利斯托弗·德·博蒙,面对权势从不屈服,从不与冉森派姑息妥协,却不知不觉成为[933]冉森派的打手和工具。他本是这些人最势不两立的敌人,如今严加惩罚我,却是因为我拒绝和这些人采取同一立场,因为我不愿意撰文讨伐耶稣会士——我并不喜欢耶稣会士,但对他们也没什么好抱怨的,何况我也看到,他们是受压迫的一方。① 大人,请不吝读一读《新爱洛依丝》初版第六卷。

---

① [全集本注]依据《忏悔录》的说法,卢梭看到《主教训谕》时,起初以为是耶稣会教士的手笔(第十二章,全集,I,606);他认为,耶稣会教士看到《爱弥儿》批评了他们所办的中学(第十一章,全集,I,566 – 568,573 及相关注释),而主教恰恰是他们的保护人。"我先是怕耶稣会教士,然后才怕冉森派"(同上,570)。两相对比,说法略有不同。

在蒙莫朗西,卢梭有两个邻居。特雷莎叫他们"长舌妇"。这两人既是冉森派,又与达朗贝尔过从甚密。卢梭很容易想象当时正在酝酿着一起冉森派阴谋,不在与耶稣会素来亲善的博蒙的主教府,而是在主张反对冉森派的议院。1762 年 7 月 24 日,卢梭在写给穆尔图的信中说:"我特别提醒您注意来自巴黎的诉状,那是两名乔装的教士在蒙莫朗西炮制的,他们专门传播与教会有关的小道新闻,因为我不肯做冉森派,对我恨之入骨。"(书信全集,XII,99 – 100)同年 9 月 4 日,他在写给维尔德兰侯爵夫人的信中也有相似说法(同上,105)。依据侯爵夫人的回信,这两个"长舌妇"听说了卢梭的抱怨,还曾做过辩解(同上,158)。《忏悔录》中追诉了这个事件,参见第十章,全集,I,505 – 506;第十一章,全集,I,570 – 571。

在写《致博蒙书》时,卢梭已经不相信耶稣会教士在主教背后出谋划策,也略微改变了冉森派阴谋的看法。巴黎议院当时开始迫害耶稣会教士,4 月,下令关闭他们所办的中学,8 月 6 日,一份长篇判决书宣告解散耶稣会。这时要有人扮演坏人:冉森派选中卢梭来充当这个角色。我们从这个背景中可以理解博蒙的处境,他必须回应他的冉森派敌人们,既然他们摇身一变成了反对卢梭、捍卫信仰的一方,那么他有必要表现得更加警觉审慎。

您将在第 138 页[1]的那条注释中找到我所有不幸的真正源泉。在这条注释上,我预言(我偶尔也会干干预言的事),冉森派一旦当家做主,就会比他们的敌人更不宽容、更强硬。我当时并不知道,我本人的遭遇会这么好地验证这个预言。只要稍加了解我的书被指控的经过,就不难明白这一点。我不能再讲下去,否则就会讲太多,但我至少可以告诉您,您受了哪些人的摆布却丝毫没起疑心。

[1]初版出版者注:见新版全集第六卷第282页。①

即便议院没有起诉,您也不会少打压我的书。这个说法有人相信吗？别人也许会这么相信或这么说。但您是有良知的人,不容许说谎,您本人不会这么说。《论不平等》在您的主教管区传播,您没有下训谕。《致达朗贝尔先生的信》在您的主教管区传播,您没有下训谕;《新爱洛依丝》在您的主教管区传播,您没有下训谕。这些书您全读过,因为您对它们全做过评判。这些书表达的却是同样的准则。同样的思考方式没有在哪本书里得到更多伪装:虽然每本书主题不同,导致了论述有所差别,但同样的思考方式在每本书中都是强有力的,这也弥补了展开论述时的范畴局限。读者也看到,作者本人的信仰自白没有萨瓦代理本堂神父的信仰自白那样有所保留。您当时为什么不说话呢？②大人,莫非您当时不那

---

① [全集本注]《新爱洛依丝》,参见全集,II,685。[译按]卢梭批评冉森派的这条"致命的注释"全文如下:"一类疯子,狂热地做基督徒,只知依照福音书的字面意思行事:大约类似当今英国的卫理公会教徒,德国的摩拉维亚弟兄会信徒,法国的冉森派教徒。只是最后这一派[指冉森派,商务译本似有误]还没有当家做主,不能像他们的敌人那样强硬和不宽容。"本书中的随文小字注释,除此条特别标明为初版出版者所加,其余均系卢梭本人的自注。

② [全集本注]真实的迫害经过解释,更显谵妄。事实似乎在向卢梭证

么爱惜您的牧群吗?他们不那么读我的书吗?他们不那么欣赏我的书吗?还是他们当时犯错少呢?不是的。当时尚无耶稣会士要驱逐;某些阴险小人尚未[934]将我套进他们的陷阱里;那条致命的注释尚未为人所知,一旦为人所知,公众也已表态赞同这本书,要想再弄出点风声已经来不及。他们情愿推延计划,等候时机。他们窥伺着,一有机会就紧抓不放。他们利用信徒常有的狂热情绪。他们只谈论监禁和火刑堆。我的书吹响了无政府主义的警钟、无神论的号角;作者本人是个恶魔,非活活扼死不可,人们居然听任他活了这么久实在不可思议。在普遍的狂怒中,您为保持沉默而感到羞愧:您宁可做出点残忍的举措也不愿被指责缺乏热情,您宁可为敌人服务也不愿蒙受敌人责难。大人,承认这一点吧,这就是您的主教训谕的真正动机。在我看来,这些相当奇特的事件同时发生,就这样为我的命运冠上古怪之名。

长久以来,等级礼俗取代了司法正义。我知道,在某些不利形势下,公众人物不得不违心打压某个好公民。谁想在狂怒的人群中保持节制,就会成为狂怒的牺牲品。我也知道,在我成为受害人的这类触发群怒的事件中,不和狼群一起狂吼,就得冒被吞噬的风险。因此,我并不抱怨您对我的书下训谕,但我抱怨您对我本人下训谕,您的做法既有失公允,又违背真相。我还抱怨,您指责我借受到神启的人之口所说的话,在您自己的用语里却是被准许的,您大加侮辱我,这没有危及我的利益,却损害了我的荣誉,不如说更损害了您自己的荣誉。我还抱怨,您随心所欲,不带理性,不管是

明,人们不是要怨恨他的作品,而是怨恨他本人。《忏悔录》第九章中更加明白地提出这层意思(全集,I,406–407)。在1762年的《卢梭审判让-雅克》中,这一切更被解释成为一场阴谋(全集,I,709–710)。

否必要，不含尊重——至少尊重我的不幸，您冒犯我的语气与您的性格完全不相称。再说，我究竟对您做过什么吗？我总是满怀敬意地谈起您。我多少次赞赏您的坚定不移，虽然同时我也确实惋惜您因成见而滥用了这一品质。我总是敬佩您的品行，总是尊重您的德性，即便今天您这般诋毁我，我依然尊重您的德性。

有人想吵架，又偏偏理亏，就会这么摆脱困境。您不能解答[935]我提出的异议，干脆判我有罪。您以为这么粗暴对待我，别人就会看轻我。您错了。您没有削弱我的论证，反而促使那些宽仁的心灵关注我的不幸。您让明智的人们相信，既然对作者评判不公，对书的评判也不可能高明。

大人，您对待我既不近人情也不宽仁。您本可以做得既近人情又宽仁，同时也不少说您批评我的书的那些话，这反而能达到更好的效果。我也承认，我没有权利要求您具备这些德性，也没有理由期待一名教会人士具备这些德性。让我们来看看，您是否至少做到了公平和正义。因为，这是人人必须履行的义务，即便圣徒也不能免。

您的主教训谕有两个目的：一是查禁我的书，二是诋毁我本人。倘若我能证明，但凡您驳斥我之处，您说理无方，但凡您攻击我之处，您只是恶意中伤，那么我会认为已经很好地回应过您。可是，如果一个人只相信手中证据，并且由于问题的严重和对手的才干而不得不采取笨拙的步骤，不得不一步步跟踪审查过程，那么辩驳每个字眼都需要几页篇幅。一则简短的讽刺逗人高兴，一篇冗长的申辩却让人厌烦。我要么为自己申辩，要么就得背负您强加给我的莫须有的非难。因此，我会为自己申辩，不过我将辩护的与其说是我的书，不如说是我的荣誉。我要审视的不是萨瓦代理本堂神父的信仰自白,而是巴黎主教的训谕,正是他说出版者的坏话迫使我谈论这部作品。我将履行自己的责任,因为这是我该做的。我也不是不知道,声讨比自己强大的人是再悲哀不过的立场,而为清白无辜者辩护将是索然无味的说辞。

一切道德的根本原理①——我在所有著作中的论述以这个问题为前提,在最后这本书中,我还尽可能清楚地阐释了这个问题——就是:人生来是善的,热爱正义和秩序;人心最初没有丝毫败坏,一开始[936]自然的行动总是公正的。我还说明了,人类与生俱来的唯一激情,也就是自爱②,是一种本身并不在乎善恶区别的激情。自爱只是根据不同的生成背景而偶然地成为好的或坏的。我指出了,一般归咎于人心的诸种淫乱不是人生来就有的。我讲了这些淫乱生成的形式,也可以说,我审视了淫乱的来龙去脉。我还说明了,随着人的原善持续败坏,人类如何变成今天这个样子。

我还解释了我对原善的理解,原善并不是从自爱的自然天性,也就是不在乎善恶区别推断而来。人不是一种简单存在,人由两种实质构成。如果说不是所有人都赞同这一点,至少您和我是赞同的,而我也尝试向其他人论证过了。这一点一经证实,自爱就不再是一种简单的激情。自爱有两种本原,也就是理智存在和感觉

---

① [全集本注]这个原理确乎是根本的,参见《卢梭审判让-雅克》(全集,I,934-935)。卢梭本人写道:这就是"在我心底持续四五年之久的骚动"(《忏悔录》,第八章,全集,I,351,388-389)的来源,这"四五年"正是他写作两论的时期。

② [全集本注]amour de soi,原版写作"自尊"(amour propre),显然有误。这里依据草稿改过。

存在,这两者所保持的良好状态并不相同。感官的欲念趋向身体,秩序之爱趋向灵魂。第二种爱一经发展,变得活跃,即冠名为良知,但良知只在人获得知识时才会发展并起作用。人只有借助知识才能认识秩序,也只有认识了秩序,良知才会促使人去热爱秩序。因此,对于不会比较、不懂关系的人而言,良知一无所是。处于这种状态的人不知道别的,只知道自己;他看不出自身的良好状态与他人的良好状态是相悖还是相符;他什么也不恨,什么也不爱;他受到身体的本能的限制,一无所是,犹如野兽。这就是我在《论不平等》中的论述。

伴随着某种我描绘过的演变,人们开始把目光投向同类,开始看清楚他们彼此之间的关系和事物之间的关系,开始形成便利、正义和秩序的概念。他们开始感知道德的美,良知开始起作用。于是,他们有了德性,如果说他们同时也有了淫乱,那是因为,随着认知越来越多,他们的利益彼此交叉,他们的野心也逐渐苏醒。不过,[937]只要利益冲突少于认知交流,人从根本上就还是好的。这是人的第二种状态。

最终,当各种个人利益激化而彼此冲突,当自爱逐渐升温转化为自尊,当意见(意见使得完整的世界在每个人眼里变得必要)致使人人生来彼此为敌,只能从他人的不幸中找到自己的好处,这时良知变得微弱,就会被其他狂热的激情扑灭,在众人的嘴里简化作一个用以彼此蒙骗的字眼。人人假装愿意为了公共利益而牺牲个人利益,人人在撒谎。谁也不想要公共利益,除非它与个人利益相适应;真正的政治旨在让人民变得幸福和善好,就要以这种适应为目的。不过,我从这里开始使用一种陌生的语言,读者极少懂得,您也不懂。

大人，这是第三种也是最后一种状态，超越这个界限就没什么可做的了。人生而善好，人群却变坏了。我在书中致力于探寻怎么办才能阻止人类变成这个样子。我并没有强调，在现有秩序下，这是绝对可行的。但我已经强调，我还要继续强调，要想在这个问题上走到底，除了我所提出的办法以外，决无别的办法。

您在这一点上声称，我的教育计划[1]"大大背离基督宗教，甚至没法用来培养公民或人类"。您唯一的证据就是拿原罪说来反驳我。①大人，除了受洗，没有别的办法从原罪及其后果中获得拯救。按您的说法，这个世上的公民或人类只能是基督徒。要么我们得否认这个结论，要么您得承认您论证过度。

[1]《主教训谕》, in – 4, p. 5. in 12. p. x。

您如此高瞻远瞩地提取证据，让我不得不长途远涉寻求答案。首先，在我看来，原罪说隶属于终极难题，远远没有那么清楚和生硬地写在圣经中，为此[938]修辞家奥古斯丁和我们的神学家们才会乐衷于建立这个教义。还有这么一种理解方式：神故意创造了如是多无辜纯洁的灵魂，目的是让这些灵魂附着于有罪的身体，沾染上道德败坏，并全部罚入地狱，除了与身体结合外，这些灵魂没犯别的错，但这个结合不正是神的作品吗？我不想追究（就像您自诩过的）您是否通过这套理论体系揭示了人心的奥秘，但我发现您使至高神的正义和善好变得模糊费解。您提出一个异议，只是为了取缔另一个更强有力百倍的异议。

但归根到底，原罪说与《爱弥儿》的作者又有何干？虽然他相

---

① [全集本注]参见残篇 5,《全集》, IV, 1013, 1016。

信这本书对全人类有益,但书是写给基督徒的,写给那些洗刷了原罪及其后果的人,至少他们的灵魂通过专为这个目的而设立的圣礼得到拯救。依据同样这个教义,我们全都在童年时代恢复了原初的清白;我们洗了礼出来,心灵圣洁得好比那刚从神的手造出的亚当。您会说,我们又沾染上新的污秽。只是,我们既然刚刚开始获得拯救,又怎么可能再沾染上呢?基督的血莫非不够强大,不足以彻底抹去污点,还是说这是我们的血肉自然败坏的结果?莫非神在原罪之外还故意把我们造得生来败坏,以便饶有趣味地惩罚我们?您一边承认受过洗的人已然从原罪中获得拯救,一边却又把他们的淫乱归咎于原罪,随后,您又指责我提出了淫乱的另一个根源。您谴责我,就因为我不像您那样拙劣地推理,这公平吗?

确实,人们可能会说,从表象根本看不出我归给受洗礼[1]的这些效果[939],看不出基督徒生来比非基督徒更少倾向作恶,基督徒身上反而因感知差异而更能体现原罪所附带的恶念。人们还可能会继续说,既然可以求助除受洗礼外的各种福音书道德,所有基督徒必定是天使,而所有非基督徒不仅带有原初的败坏,还奉行错误的崇拜礼仪,则必定是魔鬼。我想,这个仓促提出的异议很可能让人为难:就人类而言,救赎的代价如此之高,效果却如此之小,有人力图向我证明这一点,我该如何答复呢?

[1]作者自注:如果有人和托玛斯·伯尔奈博士①一样声称,在亚当之罪后,人类种族的败坏和道德只是吃下禁果的一种自然反应,这种果实含有毒液,紊乱人的生理结构、刺激情绪、削弱理解,带有淫乱和死亡

---

① [全集本注]托玛斯·伯尔奈(Thomas Burnet,1635 – 1715),剑桥神学家,这里指他在1681年发表的著述。

的诸种本原,那么,我们将不得不承认,既然治疗方法的性质必须与恶①的性质相适应,洗礼也就必须对受洗人的身体起到物理作用,带给他某种处于清白状态的体质,不然就是带给他依存于清白状态的永生,或至少带给他修复好的生理结构的诸种心理反应。②

但是,大人,莫说我不相信好的神学没有一些解决办法,就算我赞成洗礼无法治疗人类天性的败坏,您的论证也不见得比我更有力。您说,由于我们的祖先的罪,我们是罪人。但我们的祖先为什么是罪人呢?为什么同样的理由您可以用来解释祖先的罪,却不能运用在后代身上,而非提原罪不可呢?为什么我们非得归罪神不义,让我们天生带有淫乱,天生是罪人、应受惩罚之人,而我们的祖先没有这些就像我们一样是罪人并且受到惩罚呢?原罪说解释得了一切,却解释不了自身原理,现在需要解释的恰恰是原理。

您进一步指出,由于我的原理[1],"人们看不见那使我们认知自己内心奥秘的光线"。您没有看到,这个原理其实更为普遍,甚至能解释最初的人的犯错[2],而您的原理却令这个问题始终晦涩难解。您[940]只看得见魔鬼手中的人,我却看见了人如何落入魔鬼之手。按您的说法,恶起源于自然的败坏,而这败坏本身也是一种恶,也需要追究根源。人刚被造的时候是好的,我想我们在这一点上已达成共识。但您又说,人是恶的,因为他从前是恶的;我则说明他从前怎么会是恶的。依您看来,我们中谁更好地追溯了原理?

[1]《主教训谕》,in-4, p. 5. in 12. p. xi。

---

① [译按]这里指禁果。
② [全集本注]初稿未见此条注释。

[2]反抗某个无益而专断的禁忌是一种自然心性,本身不仅远非不良习气,反而与事物的秩序、人的良好构成相符合。一个人若没有极强的自爱心,没有维护他从自然那里获得的各种权利的欲念,就不可能维持这种心性。无所不能的人只欲求对自己有用的东西;弱者的能力进一步受到法律的制约和限定,丧失了一部分自我,于是在心底要求收回被剥夺的那部分。在这一点上谴责他,无异于谴责他是他自己而不是另一个人,无异于既要他是,又要他不是。同样的,在我看来,亚当所违反的命令与其说是真正的禁忌,不如说是父亲的忠告。这是在警告他不要去吃导致死亡的恶果。比起神学博士们乐于规定我们相信的说法,上述想法肯定更符合神的善好乃至《创世记》的文本。因为,说到双重死亡的威胁,已经有人指出,morte morieris 并不带有这些神学博士所声称的表达力,这个希伯来用语通常是出现在别的地方,指别的含义。①

另外,在试探者的诡计和女人的诱惑中,还带有某种宽恕和怜悯的动机,这一动机如此自然,以至于我们在各种形势下审视亚当之罪,只能觉得这是一个最轻微的过错。然而,依据他们的说法,却是何等可怕的惩罚呵!几乎不能想象出比这更可怕的惩罚。即便犯下滔天大罪,还有什么惩罚会比亚当所背负的更沉重?他和他的族人在此生中被判必死,在来世中被判永远遭受地狱之火吞噬。这就是仁慈的神强加在某个任自己受蒙骗的可怜人的苦难吗?我多么恨这些残忍的神学家们的让人沮丧的教义呵!倘若我有一刻想接受这样的教义,那也将是我自认亵渎宗教的时候。②

可是,您却洋洋自得,仿佛把我打垮了。您拿一个难以解决的

---

① [全集本注]神禁止亚当和夏娃吃善恶树上的果子:"你吃的日子必定死"(创世记,2:17)。

② [全集本注]手稿中未见此条注释。注释开头文字参看手稿页 943。

异议反对我[1],也就是人类身上的"这种高贵与卑贱、对真理的热情与对谬误的趣味、爱好德性与倾向淫乱之间的惊人混淆"。您还补充道,"令人惊奇的反差,[941]致使异教哲学大感为难,游荡在无用的思辨中!"

[1]《主教训谕》,in-4, p. 6. in 12. p. xi。

人的理论只要以自然为基础,只要以结论相关的事实为依据,只要引领我们认识激情的根源,教会我们掌控激情的运作,就不是无用的思辨。除非您把萨瓦代理本堂神父的信仰自白称为异教哲学,那么我无法回应这个非难,因为我完全不能明白[1]。但我觉得很有趣,您借用了萨瓦代理本堂神父本人的用语[2],却是为了指出他没有解释他其实已经再好不过地解释过的东西。

[1]要么这与博蒙先生随后指控我崇拜好几个神有关。①
[2]《爱弥儿》,第三册,初版页68,69。②

大人,关于这个论证如此充分的异议,请允许我摘录您从中得出的结论,以及随后的一段长篇议论。

> 人感觉自己被拖到一道致命的斜坡,倘若他在童年没有得到充满德性、智慧和警惕的老师的教诲,倘若他在一生中没有在天主的庇护和恩典下做出有力持续的努力,他如何顶住不下滑呢?

---

① [全集本注]手稿中未见此条注释。
② [全集本注]参见全集,IV,583。

换言之，

我们看到，尽管自童年起人就在不停受束缚，人还是坏的；那么，如果不从这个时期起就束缚他们，又怎能令他们变得聪明呢？毕竟就算不停地束缚他们，他们也不可能变得聪明。[1]

[1]《主教训谕》, in-4, p.6. in 12. p. xi。

我们在教育问题上的论断若运用到别的问题上，将会更清楚明白。①

大人，让我们假设，有个人前来对众人讲了一番话：

你们费尽心思寻找公正的政府，建立良好的法律。我首先要向你们证明，你们的政府本身在制造弊端，你们却妄图借助政府补救这些弊端。我还要向你们证明，你们永不可能有良好的法律和[942]公正的政府。随后，我会向你们指出无须政府和法律就可以预防所有这些你们抱怨的弊端的真正方法。

假设在这番话之后，他解释了他的理论体系，提出了他所说的方法。我不去检验这个体系是不是可靠，这个方法是不是可行。如果不是，人们大可把作者关进疯人院，就此伸张正义。如果不幸是，那将更糟。大人，您会想到，或者其他人会替您想到，惩罚这么

---

① [全集本注]初稿中未见此句。

一个言之有理的倒霉蛋真是再多火刑堆和车轮刑都不够。但问题不在这里。

不管这人的运气如何,可以肯定,各种文论将泛滥成灾,淹没他的著作。还有哪个格利默小人为了奉承权贵,为求得国王的刊印特令而得意,不会朝他扔出小册子,肆意辱骂,这人要么不屑反驳,要么被禁止回应,他们却自夸让对手哑口无言。不过问题也不在这里。

最后假设有位重要人物,由于事关自身利益,他认为有必要和其他人一样行事。他运用大量夸张侮辱的话语,竟敢这么推论道:

怎么!倒霉的人呵!你竟想颠覆政府和法律?政府和法律可是制约淫乱的唯一手段,制约这个本就困难重重。天主啊,倘若我们没了政府和法律,那会变成什么样子!你想取缔断头台和车轮刑。你想发动公众抢劫。你可真是罪不可赦。

倘若这可怜的人敢回答,那么他一定会这么说:

尊贵的大人,阁下犯了预期理由的逻辑错误。我不是说不要遏制淫乱,我是说最好要防止淫乱产生。我想要弥补法律的不足,您却说我妄称法律无能。您指控我制造弊端,只因我情愿防患于未然,而不愿亡羊补牢。怎么!假设有一种办法能让我们永远健康地生活,为了避免医生们无事可做,难道要禁止使用这种方法吗?阁下希望永远看见断头台和车轮刑,我却希望再也看不见[943]罪犯。鉴于我对阁下满怀敬意，我不认为自己罪不可赦。

"啊，我亲爱的弟兄们！尽管有最圣洁最合乎道德的教育原理，尽管有最美好的宗教承诺和最可怕的威胁，青年人误入歧途还是过于常见、过分增多了。"我已经证明，您称为最圣洁的教育其实最荒谬，您称为最合乎道德的教育其实让孩子们沾染上各种淫乱。我已经证明，天堂的全部荣耀还不如一小块糖更诱惑他们，他们害怕在晚祷中觉着无聊，远远超过害怕在地狱里被火烧。我已经证明，人们抱怨无法通过这些方法避免青年人误入歧途，然而正是这些方法导致青年人误入歧途。"他们自己误入歧途，还有什么错误、还有什么暴行是他们尚未急匆匆做出的？"青年人从来不会自己误入歧途：他们所犯的错全归因于不良引导。这种引导最早由神父和家庭教师开始，最终由同伴和情妇完成；我已经证明这一点。"尽管有坚固的堤坝，洪水还是泛滥成灾：假设没有什么阻碍来中断它的潮涌，遏制它的努力，那会成什么样子？"我倒想说："这股洪水推倒了你们无能的堤坝，摧毁了一切。拓宽河床吧，让它毫无阻碍地畅流吧；它不会带来任何损害。"但是，在这么严肃的问题上运用中学生的修辞，人人胡说一气却什么也不能证明，这让我感到羞愧。

此外，尽管按您的说法，人类生性倾向于作恶，致使青年人误入歧途过于常见、过分增多，但归根到底，您似乎对青年人还不是十分不满，您还是相当满意您那些充满德性、智慧和警惕的老师所给予他们的圣洁而合乎德性的教育，按您的说法，若是采取另一种教育方式，他们将丧失更多东西，也就是说，您根本不相信您在训谕开篇假意指出的本世纪那"沉淀自几个世纪"的所有弊端。

我承认,既然世人这么满意现有的教育,那就没必要寻求新的教育方案。不过,大人,请您也承认,在这方面[944]您实在不苛求。您若能在神学理论上也这般随和,您的主教管区本不会那么动荡不安;您所激起的风暴本不会落到耶稣会士头上;我本不会遭到联合压迫;您本可以活得更安宁,我也一样。

您承认,想要在人类天性的弱点和如您所说的败坏的许可范围内重建世界,只需在恩典的引领和印记下考察人类理性的最初光照,小心加以把握,并引向通往真理的道路。您继续说道:"这样,这些尚幸免于成见的精神将会永远提防谬误,这些尚幸免于强烈冲动的心灵将烙下所有德性的印记。"[1]

[1]《主教训谕》, in-4, p. 5. in 12. p. x。

我们在这一点上看法一致,因为我没有说过别的话。我承认,我没有补充说小孩子应受神父教育,我甚至不认为这么做对于培养公民和人群是必要的。倘若这算得上谬误的话,那么,尽管在众多天主教徒眼里这是谬误,在一个新教徒眼里却不是那么严重的犯罪。我不想去考察,在你们国家里,神父们自己是不是被视作那么出色的公民。不过,既然当前这代人受了他们的教育,那就应该由您和您那些古老训谕去评判,这些神父的精神奶汁是不是对这代人有益,有没有造就伟大的圣徒,"真正崇拜天主的人",有没有造就伟大的人物,"配得上担当国家的栋梁和荣耀"[1]。我还可以补充一个观察心得,这很可能令所有高尚的法国人感到震惊,也包括您本人。那就是,在你们国家出现过的这么多君王里,最出色的一位恰恰不是受神父教育。①

　　[1]《主教训谕》,in – 4, p. 5. in 12. p. x。

　　但这一切又有什么相干？既然我根本没把神父们排除在教育之外。只要他们有能力,就让他们去教育青年人好了。我不反对。您在这个问题上的言论[1]和我的书毫不相悖。莫非您声称我的方案恶劣,只是因为书中说,除教会人士以外的其他人也可能担当教育任务？

　　[1]《主教训谕》,in – 4, p. 5. in 12. p. x。

　　[945]如果说人生来是好的,正如我自认为论证过的那样,那么只要没有异己的东西使他变坏,他就会一直是好的；如果说人群是坏的,正如他们不吝让我明白的那样,那么人群的坏就是来自他们自身以外的别处。因此,只要禁闭淫乱的入口,人心就会一直是好的。在这个原理基础上,我把消极教育当做最好的或唯一好的教育方式；我揭示了,各种积极教育一经执行,如何走上与目的相悖的道路；我也指出了,通过我所开辟的道路,教育的目的一样,并能得到实现。

　　但凡主张在适龄以前培养心智,把做人的义务等知识灌输给孩子,我称作积极教育；但凡主张先让作为认知工具的身体器官长成,再传授知识,通过感官训练为理智做准备,我称作消极教育。消极教育并不是放任闲暇,完全不是。这种教育不培养德性,但预

---

　　① [全集本注]指亨利四世。[译按]亨利四世(Henri IV, 1553 – 1610)本系新教徒(胡格诺教信徒),后来改信天主教。他所生活的十六世纪正是法国经历宗教革命的年代。

防淫乱;不教授真相,但避免谬误。这种教育帮助孩子做好准备,在他有能力领悟真实时引领他通往真实,在他有能力热爱善好时引领他通往善好。①

这种做法让您反感和震惊,我们很容易明白个中原因。您先是诬蔑提出这种教育的人的意图。按您的说法,我企图向他们灌输各种谬误,为了让他们做好这方面的准备,灵魂的空暇不可或缺。只是,我们不太明白,一个老师既然什么也不教给学生,而是注重让学生感觉到自己无知,知道自己一无所知,这样的老师又能灌输什么谬误给学生呢?您也承认,孩子的判断力在不断进步,只能是一步步形成。您补充道:"但是,一个孩子长到十岁会不会因此而不分善恶,混淆智慧与疯狂、善好与野蛮、德性与淫乱呢?"[1]倘若到了这个年龄判断力尚未发育,那么毫无疑问是会这样。您接着说:"怎么!他不会觉得听从父亲是好的、违背父亲是坏的吗?"远远不是这样。我认为,当他不能玩游戏而要去[946]做功课时,他会觉得,听从父亲是坏的,违背父亲,也就是偷吃几颗禁果,那才是好的。我承认,他还会觉得,被惩罚是坏的,被奖励是好的。在这些相对的好与坏的天平上,他那孩童的谨慎得到了调准。我想我已经在前两卷中成百上千次地论述过这个问题,特别是老师和孩子有关什么是恶的对话。[2]至于您,大人,您只用两行文字反驳我这两卷文章,全文如下。"我亲爱的弟兄们,把某种本不存在的愚蠢强加给人,这是在诬蔑人的天性。"[3]谁能提出比这更尖刻、更节省笔墨的批判呢!只是,这种被您称作愚蠢的无知持续存在

---

① [全集本注]参见《爱弥儿》,全集,Ⅳ,323-324;《卢梭审判让-雅克》,全集,Ⅰ,687。

于这样一些人的精神中,他们要么受到尚未长成的身体器官的局限,要么未受过教养。我们很容易观察到这一点,并且人人都感觉得到。因而,把这种无知归入人的天性,并不是诬蔑,反而您强加给人的天性某种它原本没有的狡猾,那才是诬蔑。

[1]《主教训谕》,in-4, p. 7. in 12. p. xiv。

[2]《爱弥儿》,第一册,页1891。①

[3]《主教训谕》,in-4, p. 7. in 12. p. xiv。

您又说道:"只在人受与生俱来的冲动支配的时期才教他审慎,这不就是基于令他弃绝审慎的用意在向他展示审慎吗?"[1]您再次好心地强加给我一种意图,除您以外,绝对没有人会从我的书中看出这种意图。我首先指出,按我的方案来教育的人不会在您所说的那个时期受冲动支配。我随后指出,审慎的教导如何有可能推迟同样这些冲动的发展。您的教育的不良后果,您反倒转嫁到我的教育上;您用来反驳我的种种弊端,正是我试图教您预防的。我保证我的学生直至少年时代内心免受冲动困扰,等到这些冲动蓄势待发时,我还会借助专门的克制手段来延缓它们发展。审慎的教导过早,对孩子来说毫无意义,他们尚无能力对这些教导感兴趣或加以领悟;[947]这些教导过迟,同样不会对一颗早已听任冲动支配的心起作用。只有在我所选定的时期,这些教导才有用,既可以武装他,又让他觉得有趣。同样,青年人在这个时期不做别的而只接受教导也很重要。

[1]《主教训谕》,in-4, p. 9. in 12. p. xvii。

---

① [全集本注]全集,IV, 317-318。

您说:"为了让青年人更顺服为他所准备的教导,作者让他们欠缺一切宗教原理知识。"[1]道理很简单。我希望他们拥有某种宗教,在他们的判断力还不能感知真相的时候,我什么也不想教给他们。但是,大人,假使我说:"为了让青年人更顺服为他所准备的教导,有人故意在他们懂事以前开始传授。"我的推理会比您的更糟吗?这个成见会对您给孩子们安排的教育有利吗?按您的说法,我选择在懂事的年龄灌输谬误,而您却抢在这个年龄以前教导真理。您在孩子有能力辨识真假以前赶忙教育他,我则等到他有能力了解真相时才去蒙骗他。这个评判难道正常吗?一个只肯对成年人说话,另一个却对孩子说话,究竟谁看上去更带引诱的企图呢?

[1]《主教训谕》,in-4, p.7. in 12. p. xiv。

您指责我说过并且证明过,任何信仰神的小孩要么是崇拜假神,要么是将神人化。① 您反对这种观点,声称一个受基督宗教教育的小孩不可能犯这两种错误。[1]这是问题所在,接下来还要看证据。我的证据是,再纯正的基督宗教教育也不可能给予一个孩子他所没有的理解力,不可能使他的想法摆脱有形物质存在,就连多少成人也没法超越有形物质存在而形成自己的思想。我还可以拿经验做证据:我号召每位读者求溯记忆,回想自己在小时候信仰神时是不是也想象出了神的某种形象。您告诉他:"神与任何感官所能触及的东西无关",他要么大感困惑什么也没明白,要么明白成神什么也不是。您[948]告诉他"某种无限的智慧",他不知道什么

---

① [全集本注]参见《爱弥儿》,全集,IV,552-553。

是"智慧",更不知道什么叫"无限"。但您高兴对他说什么话,您就让他学舌。如果有必要,您甚至让他补充说,他听懂了这些话。这么说没有损失,他情愿说自己听懂了,也不愿被责骂或惩罚。包含犹太人在内的所有古人想象出了有形的神,如今有多少基督徒,尤其天主教徒同样如此呢?您的孩子说话如成人,那是因为,成人们其实还是孩子。正因为这样,那些堆砌如山的基督宗教奥义才在世人眼里不值一文,相关神学术语就如寻常话语那般被轻易说出。现代基督宗教的一大便利就在于发明了一些看似艰深却没有思想的字眼,适用于一切,独独不合乎理性。

[1]《主教训谕》,in-4, p. 7. in 12. p. xiv。

通过审视那引导人认知神的智慧,我发现,认为认知神"对救赎总是必要的"[1]并不合理。我举了疯子和孩童为例,我还把那些由于没有充分接受启蒙而无法理解神存在的人们列入同一类别。在此,您说:"《爱弥儿》的作者把[一个人]认知天主存在的年龄推迟得这么晚,我们不要感到惊讶;他根本不认为认知天主对救赎是必要的。"[2]为了令我的说法显得更生硬,您一开始就好心地删掉了"总是",不但改变了我的本意,甚至还给出了新的意思。在我原先的说法里,认知神一般说来对救赎还是必要的,而在您强加给我的说法里,认知神对救赎根本不是必要的。您接着说道:

[1]《爱弥儿》,第二册,352,253。①

[2]《主教训谕》,in-4, p. 9. in 12. p. xviii。

---

① [全集本注]全集,IV,555-556。

"他拿某个虚幻的人充当喉舌,说道,'这样的人到老都没能信仰天主,但他显然不会因此丧失在来[生]认知天主的权利'"(您删掉了"生"字),"只要他不是故意不信;我想,他不会总是不信的。"

在转述您的点评之前,请允许[949]我先做出点评。因为,被说成虚幻的那个人,不是萨瓦代理本堂神父,而是我本人。您以为您从萨瓦代理本堂神父的信仰自白中摘录了这段文字,其实不然,这段文字就在书的正文里。大人,对您这么无情谴责的书,您的阅读相当草率,您的援引相当粗心。我想,一个人既然担当审查之职,就有必要在评判时多费点儿心考察。接下来,我引述您的说法:"我亲爱的弟兄们,请注意,这里说的不是丧失理智的人,而只是没有通过教导来帮助改善理智的人。"

您接着强调,"这种说法绝对是荒诞的。使徒保罗明确说过,有好些异教哲学家单单借助理性的力量就认知了真实的天主。"[1] 您接着还援引了保罗的书信。

[1]《主教训谕》,in -4, p. 10. in 12. p. xviii。①

大人,阅读一个作者却没有明白他的意思,这通常是个小毛病,但如果不明白却还要反驳他,那就是个大缺点,如果是要诽谤他,那就是严重犯罪。您和其他许多人一样,根本没有明白我在书中这一段的意思,却任加抨击。我把这一段全文抄录如下,读者自会看清,究竟是我错还是您错。

---

① [全集本注]罗马书,1:20。卢梭在下文中援引了博蒙主教提及保罗书信的段落,见 952 – 953。

我们[宗教改革者]认为,还没长到懂事的年龄就夭折的孩子不会失去永恒的幸福。天主教徒也认为,受过洗的孩子,即使没有听说过神,也不会失去永恒的幸福。因此,在有些情况下,没有信仰神也有可能获得救赎。这类情况发生在童年或疯狂状态,这时人的精神没有能力进行为认出神所必需的活动。在这个问题上,您和我的分歧在于,您声称孩子到了七岁就具备这种能力,而我认为他们即使到了十五岁也不能够。我的看法是对是错,这里头涉及的不是某个信条的问题,而应该简单地考察一下自然历史。

基于同样的原理,这样的人到老都没能信仰神,[950]但他显然不会因此丧失在来生认知神的权利,只要他不是有意不信;我想,他不会总是不信的。就疯子而言,你也承认疾病剥夺的是他们的精神能力,而不是他们做人的资格,因此也就不是他们享有造物主的恩典的权利。既然如此,为什么那些从童年起就与世隔离的人,过着绝对野蛮的生活,没能获得只有与人交往才能获得的知识,你就不承认他们也享有同样的恩典呢?既然事实证明不可能把这样一个野蛮人的思想提高到能够认知真正的神的高度。理智告诉我们,一个人只有在有意犯错时才应受惩罚,我们不能把一个人的不可克服的无知归咎为他的罪恶。因此,在永恒的正义面前,任何人只要在具备必要知识的情况下会信神,就算是信神了,只有那些存心不接受真理的人才是不信神的人,应受惩罚。(《爱弥儿》,第二册,页 352 起①)

---

① [全集本注]全集,IV,555–556。

这就是我的完整原文,相比之下,您犯的错一眼就能被识破。您错在认为或让其他人认为,按我的说法,要想信仰神,必须先被教导认识神的存在。我的想法却远非如此。我说的是,要想理解神存在的见证,尤其在从未听说的情况下自己找到这样的见证,必须具备较高程度的理解能力和精神教养。我说的是未开化的人或野蛮人,您却硬说我是在说哲学家;我说的是,想要培养真正的神的概念,必须掌握一点哲学,您却援引使徒保罗的说法,说有些异教哲学家自行培养出了真正的神的概念;我说的是,类似的粗人不总是有能力自己形成关于神性的正确想法,您却说,有教养的人也就有能力自己形成关于神性的正确想法。单凭这唯一的证据,您就说我的观点是"绝对荒诞的"。怎么!就因为一个法学博士必须熟悉本国法律,我说一个不识字的孩子可能不识本国法律,就是荒诞的吗?

一个作者不愿不停重复自己说过的话,[951]并且一次说明清楚了自己就某个问题的观点,就没有必要总是引证同样那些论据,证明同样的观点。他的著述会相互解释。如果他的方法对头,那么后写的作品必然会以先写的作品为前提。我一直努力这么做,眼下我也是这么做的。

您和其他谈论这个问题的人一样假设,人一出世就带有成熟的理智,只需加以运用就行了。但事实并非如此。人在后天生成并且是最慢才得到的东西之一,就是理智。人要经过学习才能用精神之眼和身体之眼去看见,前一种学习比后一种学习更缓慢。因为,精神对象的比例关系不能以大小轻重来衡量,而只能估算。我们的第一需求,也就是身体需求,不会促使我们有充分兴趣去考察这类对象。要学习同时看见两个对象;要学习比较这两个对象;

要学习比较好几个对象,循序渐进地溯求根源,关注后果;要综合无穷无尽的比例关系,从中获得合宜、均衡、和谐和秩序的理念。一个人如果没有同类的帮助,又始终忙于满足自身的各种需求,就会在任何事情上局限于运用自己的思想,在这方面的进步将极其缓慢:他还没走出理智的童年就已衰老死亡了。在一百万个以这种方式教育出来的人中,您真的相信会有一个人想到神吗?

　　世界的秩序尽管令人赞叹,却不会给所有人的眼睛带来同样强烈的印象。大多数人不会关注,也缺乏感知这一秩序的知识,他们根本没学会思考自己所看见之物。这不是出于无情或恶意,而是无知,是精神的麻木。这类人稍加思考就会疲倦,就像书斋里的人稍加劳作就会疲劳一样。他们从没听说过神的创造和自然的奇迹。他们重复同样的话语而[952]不带同样的思考,他们极少感受到那些有可能促使智者朝向神攀升的东西。如果说在我们中间的大多数人即便受了那么多教育还是如此愚蠢,那么,那些从童年起就与世隔绝、不能向他人学习的可怜人又会怎样呢?您会相信一个卡非人或一个拉普人会就世界的运行和万物的生成去探寻哲理吗?卡非人和拉普人还算生活在族群中,具备无数后天生成、屡经交流的观点,由此掌握了一些有关神性的模糊概念:从某种程度而言,他们有他们的教化传统。但野蛮人独自在林间游荡,什么也没有。您也许会说,这样的人根本不存在。就算是吧。但我们可以假设有这样的人存在。这样一种人肯定存在,他们在一生当中从未以哲学方式和人交谈,全部时间用来觅食、吞食和睡觉。我们该拿这些人怎么办呢?比如爱斯基摩人。把他们改造成神学家吗?

　　因此,我的观点是:在没有进步、没有教育、没有知识的前提下,人的精神若保持在出自自然之手的状态,就不可能自行培养出神性的崇高概念;随着我们的见识逐渐增多,这些概念就会在我们脑中出现;在思索和考虑的人眼里,神在创世作品中显现;他在自然景象中向获得知识光照的人现身;眼睛睁开的人只有闭上眼睛才会看不见他;无神论的哲学家全是没有诚信的推理家,再不就是傲慢令他盲目;同样的,一个蒙昧粗蛮的人,就算他再怎么淳朴老实,他的精神再怎么清白无过,也可能因为无意识的无知而无法认识创造出自己生命的那位作者,无法想象神是什么;他本人对这个缺陷一无所知,也不应该因为这种无知而被惩罚。一边是没有获得知识光照的人,另一边是拒绝获得知识光照的人:这在我看来极其不同。

把我的观点应用到您援引使徒保罗的段落,您将看到,这段引文不但不反对、反而赞成这个观点;您将看到,这段引文只会猛烈攻击那些所谓的智者,"神的事情,人所能知道的,全显明在[这些人]心中",[953]"神性虽是眼不能见的,[这些人]却藉着观察自从造天地以来所造之物而看见了",然而,他们"不荣耀他,也不感谢他,迷失在理性的虚妄中",他们毫无歉意,"自称为智者,反成为疯子"。① 使徒保罗批评哲学家不荣耀真正的神,他所提出的理由不但根本不适合您对我的假设,反倒做出了于我有利的归纳。这个道理印证了我自己说过的话,所有"没有信仰的哲学家错了,因为他滥用了他费心培养的理智,把他原本可以领会的真理也抛弃了"[1]。这个理由还指明了您根本没有从我的书中领会到的东西;您强加给我一个我从未说过想过的观点,也就是人只在他者的权威下信仰神,[2]您实在大错特错,其实我只是区分了两种情况,一种是人有可能自己认识神,一种是只能通过他人的帮助认识神。

---

① [译按]博蒙的这段话似出自罗马书,1:19起,但有很大改动。

［1］《爱弥儿》,第二册,350。①

［2］博蒙先生的原话不是这样的,但这是我们从他那段影射使徒保罗的文本中唯一可能做出的合理解释;我只能就我所领会到的意思做出回应(参见《主教训谕》,in－4, p. 10. in 12. p. xviii)。

再说,就算您的批评真的有理,就算您真的强有力地反驳了我的观点,这也不意味着我的观点就如您所形容的那样是绝对荒诞的:人可能犯错,却不至荒唐,并非所有的错误都荒诞。鉴于对您的尊敬,我会少用形容语,但读者若来编派您,就不是我的错了。

您总是不加领会就查禁,从一个严重错误的非难转到另一个更加严重错误的非难,您先是不公正地指责我否认神明显存在,随后又更加不公正地指责我对神的独一性提出异议。您做的还不只这些,您还一反常态,不辞辛苦地就这个问题展开辩论。在您的主教训谕里,只有一处您是对的,那就是您驳斥了某种我根本就没提过的荒诞说法。

以下是您所批评的段落,更准确地说是［954］您强加给我的段落。应该让读者看一看我到了您笔下的样子。

"我知道,"他让那个充当喉舌的假想人说[1],"我知道世界由一个有力量有智慧的意志所统治,我看见它,或者说我感觉到它,知道这一点很重要;但是,这个世界是无始无终还是被创造的?万物只有一个本原,还是有两个或几个本原,这些本原的性质又是怎样的,我对此一无所知,这同我有什么关

---

① ［全集本注］全集,IV,555。

系？……[2]我放弃这些空洞无用的问题，它们会扰乱我的自尊，既无助于我的品行，又超出我的理解力。"

［1］《主教训谕》，in-4，p. 10. in 12. p. xix。

［2］省略号包含了两行被删略的文字，原是为了缓和论述，博蒙先生不愿悉数转录。参见《爱弥儿》，第三册，页61。①

我顺带注意到，您第二次把萨瓦代理本堂神父形容为虚幻的人或假想的人。我请问，您从哪里得知这一点？我强调我所知道的，您则否认您根本不知道的。我们两人究竟谁更轻率呢？我承认，确实很少有信仰神的神父，但要说一个也没有，倒是还没有人论证过。下面抄录您的文本。

这个轻率的作者究竟想说什么？……天主的独一性在他眼里是个空洞无用的问题，超出他的理解力，就仿佛多神的多样性不是最大的荒诞事似的。德尔图良有力地指出："多神之多，即是多神之无用。"承认一个神，即是承认一个至高独立的存在，其他所有存在都要隶属于这个存在。[1]他这是在暗示有好几个神。[2]

［1］《主教训谕》，in-4，p. 11. in 12. p. xx。

［2］德尔图良在这里运用了早期教会教父们极为熟悉的诡辩。他按基督徒的方式定义"神"（Dieu）这个词，随后又指责异教徒想法矛盾，因为，异教徒承认多神，与他的定义相悖。② 就为了唐突地援引德尔图良

---

① ［全集本注］全集，IV，589-581。
② ［全集本注］博蒙主教援引了德尔图良反驳马西安的论文（*Adversus Marcionem*，I, 3）。

的一句诡辩,把不曾犯下的过错强加给我,这实在不应该。①

可是,谁说有好几个神啦？啊,大人！您很希望我真的说过这么疯狂的话。那样的话,您就用不着费心拿主教训谕打压我了。

[955]我不知道世间万物为何或如何是今天之所是,很多人自鸣得意地大做解释,其实他们不比我知道得多。不过我看出,万物运作的最初动因只有一个,因为所有运作显然都导向同样的结局。因此,我承认有某种引导万物的独一至上的意志,有某种施行万事的独一至上的力量。我认为这种意志和这种力量属于同一存在,因为这两者完美一致,想象它们在一个存在中比在两个存在中更容易,还有就是,不应该毫无理由地增加存在的数量。就连我们看到的恶也不是绝对的恶,它不仅不是与善直接对峙,反而和善一起促成了普遍的和谐。

但万物之所是很明确地依照两个概念区分开来,也就是行为主体和行为客体。如果不做一些精神努力的话,很难想象这两个概念同属一个存在。想象一个主动之物,不可能不相应想到另一个受动之物。此外,我们肯定还认识到有两种不同的实质,也就是精神和物质。前者是思想的主体,后者是被延伸的客体。这两个概念彼此独立,完全可以分别产生。

因此,有两种思考万物起源的方法,要么主张有两个相对的动因,一个活的一个死的,一个主动一个被动,一个积极一个消极,一个是动力一个是工具,要么主张只有一个动因,由它产生了世界之所是、万物之生成。这么多世纪以来,形而上学家们一直在为这两

---

① [全集本注]手稿和草稿中均未见这条注释。

种主张展开辩论,但就人的理性而言,却没有哪个主张变得更可信。物质的永恒而必然的存在引发了诸多争议,创世同样如此。历代有那么多人、那么多哲学家思考过这个问题,并一致否决了创世的可能性,例外的也许只有为数极少的人,他们似乎真诚地将自己的理智服从权威。只是这种真诚由于他们的利益、安全和安宁等动机而显得极其可疑,只要说真话还有风险,真诚就永远不可信。

假设万物确乎有永恒而独一的本原,[956]这一本原在本质上很简单,不是由物质和精神所构成,而是物质本身或精神本身。依据萨瓦代理本堂神父的推断,他不能设想这个本原是物质,而假设它是精神,他也不能设想物质通过这个本原得以生成。因为,要想实现这一点,必须先设想创世。然而,依据创世的概念,单凭某个纯属意志的简单举措,从无中就生出了有,这在所有不明显矛盾的概念中最难为人类精神所理解。

这位好神父面对这些难题悬而未决,不为某种纯思辨的疑虑而苦恼,这点疑虑无论如何不会影响他的在世职责。因为,归根到底,解释万物起源与我何干?我只要知道万物如何继续存在、我该完成哪些使命、我又为什么被规定了这些义务,那就足够了。

然而,假设万物有两个本原[1]并不等于假设有两个神,除非像摩尼教那样假设两个全为主动的本原。但萨瓦代理本堂神父根本没有假设过有两个本原。这个理论与他的理论完全相悖,萨瓦代理本堂神父非常确切地只承认有一个最初的神、一个有效本原,因而也就是只承认独一的神。

[1]只知道有两种实质的人,也就只能想象出两个本原,[博蒙先生]在引文中添了"或多个"(ou plusieurs),这个说法只能算赘词,目的

是让人以为,本原的数量不会比本原的性质更值得了解。

我承认,在我们的《创世记》译本里清楚地记述了创世经过。明确否认创世,无异于否认权威,不是否认圣经的权威,至少也是否认前人译本的权威。若不是顾及这种权威,萨瓦代理本堂神父也不会处于疑虑之中。①话说回来,两个本原的并存[1]似乎能更好地解释世界的构成,[957]澄清一些没有它将很难解决的疑难问题,比如恶的起源。此外,想要确凿无误地理解如今被译成"创造"(créa)的那个词,必须完美地掌握希伯来语,并且和摩西是同时代人。这个词一开始带有深刻的哲学性,不可能具有我们今天在神学博士们的保证下所理解的众所周知的通俗语义。这个语义很可能发生了变化,乃至骗过了当年将旧约译成希腊文的七十士,他们已然深受古希腊哲学的诸种命题的浸淫。很少有什么词的含义不会在时间长河中发生变化,我们把某些思想强加给运用了这些词的古代作者,尽管他们根本就没有这些想法,原因就在于语义的变迁。在希腊语中,这个词很可能不具有我们今天理解的语义,在拉丁语中则非常肯定没有这层意思,因为卢克莱修明确地否认了任何一种创世可能,在提及世界及其组成部分的形成时并不常用到

---

① [全集本注]Masson 在有关《信仰自白》的论著(p. 225)中指出,卢梭留下一个本子,里头抄录了 Richard Simon 和 d'Argens 侯爵谈论圣经中"创世"一语含义的文本。卢梭对创世的看法与 Jean Leclerc 颇有相似,参见后者的两封书信:"几名荷兰神学家对 Richard Simon 神父所作的《旧约批评史》的意见"(阿姆斯特丹,1685 年,第 13 封信);"再论几名荷兰神学家对 Richard Simon 神父所作的《旧约批评史》的意见:驳波尔维尔院长"(阿姆斯特丹,1686年,第 12 封信)。

这个词。①最后,德博索布尔先生[2]也证明了,古代犹太神学中根本没有创世概念。大人,您太有教养,以至于不知道,有许多人虽然非常尊敬圣经,却根本不承认摩西所讲述的完美创世。萨瓦代理本堂神父就是如此,他不受神学家们的专横强迫,大可以怀疑万物究竟有两个永恒本原还是只有一个,而不失为一名正统信徒。这是纯语法学或纯哲学的辩论,与启示毫不相干。

[1]有必要指出,物质的永恒性这个问题虽然吓坏了我们的神学家们,却没有太惊动早期教会的教父们,他们离柏拉图的观点还不至于太遥远。且不说殉道者尤斯丁(Justin martyr)、俄利根(Origène)等人,在《劝勉异教徒》(*Hypotiposes*)中,亚历山大的克莱蒙(Clément Alexandrin)大大肯定了这个观点,以致后来弗丢斯(Photius)不得不做出篡改。不过,同样观点也出现于《汇编》(*Stromates*),克莱蒙转述了赫拉克利特的观点,并且未加批评。事实上,在第五卷中,这位教父还尝试建立唯一本原,不过,这么做的原因是,他虽然承认了物质的永恒性,却拒绝称物质为本原。②

[2]《摩尼教史》,第二卷。③

---

① [全集本注]卢克莱修在《物性论》中多次提及从已经存在的事物产生新的形式,比如种子。他曾明确指出:"无中不可能生有。"(nil posse creari de nilo;I,156-157)

② [全集本注]这条注释简述了《摩尼教徒与摩尼教的历史》中的一个段落,参见 Isaac de Beausobre, *Histoire de Manichée et du Manichéisme*, Amsterdam, 1734-1739, V, ch. v, t. II, pp. 230-233。作者援引并解释了《杂记》第五卷(p. 229-230),文中提到的是柏拉图,而不是赫拉克利特。该书第四章还专门讨论了尤斯丁的问题(209-210)。

③ [全集本注]《摩尼教徒与摩尼教的历史》,前揭,参看第五卷第三和第四章。

无论如何,我们之间要争论的还不是这个问题。在这里,我不为萨瓦代理本堂神父的观点辩护,而只揭发您错在哪里。

您错在指出,我认为神的独一性[958]是空洞无用的问题,超出了我的理解力,而您查禁的著作恰恰通过推论确立并拥护神的独一性;您错在利用德尔图良的一段文字反驳我,得出结论说这是在暗示多神的存在,而我无须德尔图良也能得出同样的结论。

您错在因此把我定义为轻率的作者,既然没有任何断言,也就无所谓轻率。我们不能说一个作者轻率,仅仅因为他不如您坚定。

最后,您错在自认为很好地为一些个人信条做出辩护,这些信条将人的激情强加给神,不但没有解释清楚崇高的神的概念,反而混淆和玷污了这些概念,与此同时,您在一边还错误地指责我本人混淆和玷污这些概念,指责我直接抨击我根本没有抨击的神性本质,指责我质疑我根本没有质疑的神的独一性。倘若我果真做了这些事,结果又会是怎样呢?非难别人不能证明自己无罪。一个人为了自我防卫而一味错误地非难别人,这个人倒像是唯一有罪的人。

您在同一处指责我自相矛盾,这简直和前一个指控一样依据充分。您说:

> 他不知道天主的属性是什么,但他又立刻承认,这个至高的天主具有智慧、力量、意志和善好,这不是神性是什么?

大人,在这个问题上,以下是我要对您说的话:

> 神是聪明的;但他聪明到什么程度呢?人在运用理智的

时候是聪明的,至高的智慧却不需要运用理智;它既不用前提,也不用结论,甚至连命题也不用;它纯粹是直觉的,既认识现有的万物,也认识可能成为的万物;在它看来,一切真理只是一个单独的概念,正如一切所在只是一点,一切时间就是一瞬。人的力量借助各种手段起作用,神的力量自行起作用:神能够,是因为他愿意,他的意愿造就他的力量。神是善的,这是再明显不过的;人类的善是爱同类,[959]神的善是爱秩序;神通过秩序来维系万物,连接局部和整体。我坚信,神还是正义的;神的正义来自于他的善,人类的不义由人类造成,而不是由神造成:哲学家以为,道德的混乱是神意不存在的证据,我却认为这恰恰证明了神意的存在。人类的正义要求人人拥有自己应得的东西,神的正义要求人人交代神赐予自己的东西。

  我对这些属性根本没有绝对的观念,我能陆续发现它们,是必然的结果,是我较好地运用了理智。不过,我虽然承认这些属性,却没有理解它们,归根到底就是什么也没承认。我徒然地告诉自己,神是这个样子。我感觉到了,我也向自己证明了,但我不可能更好地理解神怎么会是这个样子。

  总之,我越是努力思考神的无限本质,越是难以理解这个本质。不过,这个本质确实存在,我知道这一点就够了。我越不理解它,反而越崇敬它。我谦卑地对它说:"万物之主啊,你在,故我在;我不断沉思你,就是要升华自己、回归本源。最恰当地运用理智,就是要谦卑地顺服你:我的精神满怀喜悦,我的软弱散发魅力,全因我感觉到自己重负着你的伟大。"

以上就是我的回答,我想这些都是不容置辩的。我现在还得告诉您我从哪里摘录的吗?就在您指责我自相矛盾的那个段落,[1]一字不漏。您的做法和我所有的对手一样,为了反驳我,抄下我自己提出的异议,却删掉我随后的解答。我的回答早在那里了,你们想要反驳的是作品本身。

[1]《爱弥儿》,第三册,94 起。①

大人,我们现在触及最重要的争论核心。

在抨击了我的理论体系和作品之后,您还抨击了我的宗教,由于萨瓦代理本堂神父对他的教会提出疑问,您也就努力令我成为我自己的教会的敌人。就某个观点提出异议,[960]难道就是在拒绝承认这个观点吗?难道人类的所有知识都没有异议吗?难道连几何学也没有异议吗?还是几何学家们制定了规则,为了不破坏这项技艺的精确性,必须对各种异议保持缄默?

我要进一步答复您,带着我一贯的坦诚,向您宣布我在宗教问题上的看法,正如我在所有书中公开主张过的,正如我口中一直在说的,心里一直在想的。我还要告诉您,我为什么发表萨瓦代理本堂神父的信仰自白,并且尽管有如是多反对声浪,我为什么始终把它视为我发表它的这个世纪里最好最有益的著作。火刑堆和逮捕令不足以让我改变说法;命令我谦顺的神学家们不足以让我变得虚假;指责我伪善的哲学家们不足以让我公开声称不信神。我要陈述我的宗教,因为我确实有一个宗教,我还要大声陈述它,因为我有勇气这么做,并且为了所有人的好处考虑,但愿这能成为全人

---

① [全集本注]全集,IV,593 - 594。

类的宗教。

　　大人,我是基督徒,依据福音书的教义,是真诚的基督徒。我是基督徒,不是神父们的弟子,而是耶稣基督的弟子。我的老师极少钻营教理,而经常强调义务;他不规定信条,而要求行善;他只命令我信奉那些保证与人为善的基本教义;他重述律法和先知的道理,更常是通过有德的行为,而不是通过信仰的言辞,[1]他自己告诫我,也通过门徒告诫我,做到爱人如己,也就履行了律法。[2]

　　[1]马太福音,7:12。
　　[2]加拉太书,5:14。

　　至于我本人,我坚信基督宗教的基本真理,这些真理有助于建立各种良好道德,我努力用福音书精神来滋养心灵,并且避免经书中我不能理解之处折磨理智,我深信一个人如果爱神超过万事万物,爱邻人如同爱自己,就是真正的基督徒,我[961]努力使自己成为这样的人,不去顾及那些钻教义的牛角尖、混乱难懂的重点经文,法利赛人就是利用这些来混淆我们的义务、遮蔽我们的信仰,我效仿使徒保罗,把信仰本身置于爱的下面。[1]

　　[1]哥林多前书,13:2,13。

　　我庆幸自己生逢世界上最合理①、最圣洁的宗教,我始终眷念祖先的信仰传统:和祖先们一样,我将圣经和理性视为信仰的唯一准则;和他们一样,我否认人群的权威,不打算顺服人群的惯例,除非我自己从中看到了真理;和他们一样,我和真正服侍耶稣基督的

---

　　① [全集本注]《信仰自白》中也是这么说的,参见全集,IV,631。

人、真正崇拜神的人心心相连,在信徒的圣餐仪式中为神献礼。我被当成教会的一员,参加侍奉神的公共礼拜,我在他们之中,我告诉自己,我和我的弟兄们在一起,这是多么让人快慰、多么甜美啊!

我深深感激一位高尚的牧师,他顶住巨大的舆论压力,总是依据真相做出评判,没有把某个神的诉讼案的辩护人驱逐出教会。我一生都会温存地怀念他那真正的基督徒式的爱。① 我为自己成为他的牧群中的一员而感到骄傲,我也希望不要因为我的看法或行为而冒犯其他成员。但是,另有一些不公正的牧师擅自越权,妄图评判我的信仰,不可一世地跑来告诉我:收回你先前的话,伪装你自己,解释这一点,否认那一点。这些人的傲慢并不能强迫我做任何事,他们不能迫使我为了当正统信徒而撒谎,或说他们希望我说而我根本不那么想的话。就算我的诚实冒犯了他们,他们想把我清扫出教会,我也不怕威胁,因为他们没有权利这么做。他们不能阻止我与其他信徒心心相连,他们不能剥夺我作为神的选民这个身份。他们可以剥夺我在今生的诸种慰藉,却不能剥夺我在来生的希望,为此,我最热切、最真诚的盼望,就是能有耶稣[962]基督来做他们与我之间的裁判和法官。

大人,这些就是我的真实看法,我并不强求任何人把这些看法当做准则,我只是宣布它们是我本人的准则,始终如故,只要它们

---

① [全集本注]指莫蒂埃牧师蒙莫兰(Frédéric - Guillaume de Montemolin),参见《忏悔录》,第十二章,全集,I,604 - 605;1762 年 8 月 24 日卢梭致蒙莫兰的信,书信全集,XII,245 - 246。在 1762 年 9 月 1 日致穆尔图的信(XI-II,1 - 2)和 10 月 30 日致布弗尔夫人的信(同上,279 - 280)中,卢梭提到自己在这位牧师的帮助下领了圣餐。直到《山中书简》出版以后,两人的关系才发生变化(《忏悔录》,第十二章,全集,I,624 起)。

讨神欢喜,我不在乎它们是否讨人群欢喜,神是我唯一的主人,只有他能改变我的心灵和理智。只要我还是我现在的样子,还带着我现在的想法,我就会一直说我现在说的话。我承认,这与您那些圣像上的基督徒有很大不同,他们为了自身的利益或安宁,随时准备相信应该相信的东西,说出应该说出的话,只要不烧他们的书、不给他们下逮捕令,他们就始终坚信自己是顶不错的基督徒。他们不仅相信应该公开表明这样那样的信条,而且相信这么做能确保死后上天堂。相反,我却认为,宗教的根本在于实践,不仅要做善良、悲悯、有人情味、会施舍的人,而且一个人真的做到这一点,也就是信仰神的,足以得到救赎。我承认他们的教义比我的便利得多,他们凭主张而不是凭德性就把自己编入信徒的行列,付出的代价可小多了。

我本该把这些看法留给我自己,正如他们一直所说的。一旦我鼓起勇气发表这些看法并署上名,我也就抨击了律法,扰乱了公众秩序,稍后我会讨论这一点。但是,大人,但愿我先前有机会请求您和所有即将读这本书的人,请求你们给一位真理之友的声明多些信任,请求你们不要模仿那些指控我是无神论或不信教的人,这些人毫无凭据,捕风捉影,把他们心里想的当成了实证,完全无视各种切实的、与我本人决无不符的抗议。我想我还不太像一个伪装自己的人,也很难看出我会出于什么好处伪装自己。我们应该推断,一个人如果在他不信的事情上这般畅所欲言,那么在他相信的事情上必定也是真诚的,如果他的言论、品行和著述在这一方面前后一致,那么谁敢断定他在说谎,这人既然不是神,就肯定是在说谎。

[963] 我并不总是有幸独自生活。我与各色人等打过交道。

我见识过各种派别的人,各种宗派的信徒、各种体系的宗教自由主义者。我见识过大人物、小人物、自由思想者、哲学家。我有一些信得过的朋友,还有另一些不太信得过。我的周围满是密探和不怀好意的人,上流社会有许多人因为伤害过我而恨透我。不管他们是什么样的人,我恳请他们所有人向公众宣告,他们对我的宗教信仰知道些什么。倘若他们在某个场合——最抢手的社交活动、最私密的家庭聚会、欢乐风趣的宴席或两人的促膝谈心——看到我言行不一,倘若他们辩论或玩笑时的论据或戏言有那么一刻动摇过我的信念,倘若他们在无意中发现我改变过主张,倘若他们在我的内心深处察觉到任何隐瞒公众的秘密,倘若他们有时在我身上发现某种虚假或伪善的阴影,那么,请他们说出来,请他们大白真相,请他们揭穿我。我赞成这么做,我求之不得,我允许他们不必保守朋友的秘密。请他们大声说出来,不是说出他们希望我应有的样子,而是说出他们知道我本来是什么样子,他们凭着良知对我做出评判。我不怕把我的荣誉交托给他们,我也承诺不会否认他们的话。

有些人没法想象别人有宗教信仰,于是指控我不信宗教,但愿他们至少相互保持一致吧。他们有的在我的书中看出某种无神论体系,有的又说,我虽在书中赞美神,心里却不信。他们指责我的著作渎神,又指责我的观点伪善。可是,假设我当众宣传无神论,我就不是虚伪的人;假设我伪装自己根本没有的信仰,我就不可能鼓动别人不信教。相互矛盾的非难堆砌一处,诽谤不攻自破。只不过,恶意总是盲目的,冲动从不运用理性。

我确乎没有这样一种信仰,多少人拿它来吹嘘自己乏善可陈的正直,这样一种坚定的信仰,从来不带怀疑,轻易相信别人要他们相信的任何东西,并把[964]不能解决的异议丢到一边或干脆销毁。他们在启示中看见了神存在的明显征兆,我无幸看见,而我之所以决心赞同这一说法,那是因为我的心促使我这么做,那是因为这个说法对我只起安慰作用,否决它也不会减轻我的疑虑,而不是因为这个说法得到了证明,在我眼里它肯定没有得到证明。类似的证明要求具备高深的学识,我所受的教养远远不够,还没有能力证明这个。我公开提出异议和疑问,倒成了伪善的人;某些果敢的人不停地说他们坚定地相信这个相信那个,他们没有比我更好的证据却信心十足,他们中的大多数人不见得比我更博学,他们不解决我的疑问,反而指责我提出这些疑问,这样一些人倒成了诚信的人,这难道不可笑吗?

我为什么是伪善的人?我伪善有什么好处?我抨击一切个人利益,我挑动所有派别起而反对我,我只为神的诉讼和人类的利益辩护,如今谁还会操心这个呢?我在这方面说过的话没有引起反响,也没有哪个灵魂为此感激我。我要是公开宣扬无神论,那些假装虔信的人反倒不能对我造成更大的伤害,其他同样危险的敌人反倒不会暗中打压我。我要是公开宣扬无神论,他们中的一方就会以为我受另一方的保护,并且做好了复仇准备,反倒会更谨慎地抨击我。但一个敬畏神的人是不足以畏惧的。他不会有可怕的派别,他不是孤身一人也是差不多如此,别人大可狠狠伤害他,等他想到反击已经太迟。我要是公开宣扬无神论,并就此脱离教会,我反倒能一举杜绝牧师们用各种手段不住纠缠我,不必再忍受他们的诸多专横。我反倒用不着蒙受如是多荒谬的查禁,人们反倒不会像现在这样尖刻地指责我,而不得不反驳我,这并不总是容易做到。最后,我要是公开宣扬无神论,人们一开始也会叫嚣,但很快就会[965]像对待其他人那样让我安宁；神的子民反倒不会查禁我，反倒不会有人以为，没把我驱逐出教会就是在对我开恩；我反倒可以和所有人一笔勾销。以色列的众民反倒不会写匿名信给我，他们的爱也不会扩散成假装虔诚的辱骂；①他们反倒不必谦卑地声称我是无赖，是可恶的魔鬼，当初要是有哪个好人费点心思把我扼死在摇篮中，世人将会欢欣雀跃。另一方面，正直的人们将会把我视同被神弃绝的人，反倒不再为了把我拉回正道而既烦扰自己又烦扰我；他们反倒不会一忽而左边一忽而右边地拉扯我，不会拿喋喋不休的说教闷煞我，不会强迫我在抱怨他们纠缠不休的同时还要赞美他们的热忱，强迫我心存感激地相信，他们受神召唤，就是为了让我厌倦致死。②

大人，我若是一个伪善的人，我就是疯子；因为，就我向世人所要求的东西来看，得有多大疯狂才会让自己处在尴尬虚假的处境。我若是一个伪善的人，我就是傻子；因为，我傻得看不明白，我所选择的道路只能给此生带来不幸，就算我能从中得到一点好处，我也不可能在不违背初衷的情况下加以享用。我确乎还来得及。只需有那么一刻肯欺骗人，我就能把所有敌人制服在脚下。我还没有进入老年，我还有漫长时日要吃苦头，我还有机会让公众再次改变对我的态度。可是，万一我通过某种手段获得了荣誉和财富，我就

---

① ［全集本注］1762 年 8 月 31 日，卢梭在写给韦尔纳的信中说自己"被匿名信搞得头昏脑涨"（书信全集，XII, 266 – 267）；10 月 28 日，他在写给 A. C. Bérard 的信中说："三个月来，公众寄来大量信件，有些匿名，有些不是，他们用教训或辱骂来表示对我的尊敬，没个消停"（同上，213）；12 月 30 日，他又在写给 H. D. Petitpierre 的信中说："我从不回复这些信件。"（同上，330）

② ［全集本注］参见《忏悔录》，第十二卷，全集，I, 615。

是一个伪善的人,这毫无疑问。

真理之友的荣誉决不会与这样那样的舆论连在一起。不论他说什么,只要那是他所想的,那么他就是在朝着自己的目标迈进。一个人不想别的,只想做到真实,就不可能受引诱骗人,有哪个明智的人不偏爱最简单同时也是最可靠的方法呢?我的敌人们再怎么辱骂我也无用。他们不可能剥夺我的荣誉:我在一切事情上都是诚实的人,我在我的世纪里乃至别的好些世纪里都是唯一诚信写作、心口[966]如一的作者。他们借助流言中伤,也许能一时玷污我的名声,但迟早会真相大白;因为,他们不停变换那些可笑的非难,我却始终如故,我不要花样,只有坦率,总能令他们感到懊恼。

可是,对公众坦率不合时宜!可是,不是所有真相都适合说出来!可是,尽管所有明智的人都和您想得一样,普通民众也这么想就不好啦!呐喊就这么从四面八方向我扑来。假设我们面对面坐在您的书房里,您大概也会这么对我说。人就是这样,换个说法和换件衣服一样随便。他们只在穿家居袍时才说真话,一换上阅兵服就只会撒谎。他们不仅在人类面前是骗子,而且还不知羞耻、昧着良心地惩罚那些胆敢不像他们那样公然做骗子的人。只是,不是所有真相都适合说出来,这个原则真的对吗?假设是对的,我们岂不是还可以说,没有什么谬误是应该消除的,或者人类的疯狂全是圣洁的,没有什么疯狂不值得尊敬?这么一条可疑而含糊的准则,就算本身是对的,实施起来却有可能犯错,在把它作为律法强加给我以前,最好先做一番审查。

大人,我非常希望在这里运用我平常的方法,通过讲述我的思想历程来答复控诉我的人。我相信,为了证明我敢于说出的话无罪,最好的办法莫过于讲一讲我的想法。

我一有机会观察世人,就会专心看他们怎么做,听他们怎么说。我注意到世人的言论与品行完全不一致,于是努力寻找这种不一致的原因。我发现,"是"有别于"看似",正如"行"有别于"言",其中第二种区别是前一种区别的原因,于是我又转而寻找第二种区别的原因所在。①

我在我们的社会秩序中找到了这个原因。社会秩序在各个方面与永不败坏的自然相反,社会秩序不停地束缚自然,又不停地向自然索求权利。我[967]紧接着考察了这种矛盾所带来的结果,我发现,只有这种矛盾才能解释人群的淫乱和社会的弊端。由此,我得出结论,既然可以确定人类的恶的起源和发展,那么也就没有必要假设人天生是恶的。这一思考促使我进一步研究文明状态中的人的精神。我发现,启蒙与淫乱的发展总是基于同样的原因,这里说的与个人无关,而与大多数人有关;我一直很当心做出这个区分,可惜在抨击我的人中没有一个能够理解这一点。

我曾在书中寻找真理,却只找到谎言和谬误。我向作者们讨教,却只遇到一群江湖骗子,他们玩弄技巧蒙骗人,把个人利益视为唯一规则,把个人名声当成唯一的神,他们迫不及待地诋毁那些不照他们的意愿对待他们的出众人物,更迫不及待地赞美那些给他们报酬的不公现象。我听到这些被允许公开演讲的人说话,于是明白了,他们只敢或只肯说一些令支配他们的人满意的话,他们

---

① [全集本注]这里提到三个对子:行(agir)与言(parler)、是(être)与看似(paraître)、社会秩序(ordre social)与自然(nature)。参见 Pierre Burgelin, *La philosophie de l'existence de J.-J. Rousseau*, Paris, 1952, 251–255; Jean Starobinski, *J.-J. Rousseau, la transparence et l'obstacle*, Paris, 1957, ch. 1。

被强者雇去给弱者说教,只会对弱者讲义务,而对强者讲权利。只要主持公共教育的人从撒谎中获得个人利益,公共教育就必然与谎言挂钩,恰恰只对这些主持者而言,真理不适合说出来。我为什么要成为这些人的帮凶呢?

有些成见应受尊重?有可能,不过是在这样的情况下:一切井然有序,去掉这些成见也必然会抹掉人们为此做出的补救,于是,出于对善的爱,人们留下这些弊端。但在另一种情况下,一切不能再坏只会好转,难道还应尊重成见,乃至牺牲理性、德性、正义以及真理可能带给人类的所有好处吗?就我来说,我承诺在一切有用的事情上说出真相,既然我身上也有真理带来的好处。这是我依据自身能力必须完成的义务,另一个人肯定不能替代我,因为人人有各自的义务,谁也不能替别人偿清。奥古斯丁说:

> 神的真理不属于我,不属于你,不属于他,[968]而属于我们所有人,我们得到有力的召唤,要一起宣告真理,如果我们不和别人分享,这个真理对我们就不会有用:谁把神想让公众共享的好处占为己有,势必在这个过程中丧失他窃取公众的东西,并且由于背叛了真理而浑身带着谬误。[1]

[1]奥古斯丁,《忏悔录》,卷十二,25。①

人绝对不能只受一半教育。既然他们必然总在犯错,为什么不干脆让他们停留在无知状态?既然不能教授对他们有重要意义的知识,这么多学校和大学又有何用?你们的学府、科学院和众多

---

① [全集本注]卢梭的译文并没有太拘泥于奥古斯丁的原文。

学术机构的宗旨何在？难道是愚弄大多数人、提前败坏他们的理性、阻止他们迈向真理吗？谎话连篇的教授们呵！为了愚弄大多数人，你们假装在教育他们，就像强盗在暗礁上设置信号灯，你们启蒙他们，目的是贻害他们。

这就是我提起笔时的感想，当我放下笔时，我的想法丝毫不变。我一直认为，公共教育有两大无法摆脱的根本缺陷。一个是教育者缺乏诚信，另一个是受教育者盲目接受。如果由不带冲动的人教育不带成见的人，人类的知识将更有限，但更可靠，理性也将总是占主导地位。不过，公共人物的利益总是一样的，大多数人的成见却没有固定依据，更为多变，也有可能变质、变化、增长或消减。教育只能在这方面找到入口，这也是真理之友的用力所在。大多数人有望变成更理性的人，但引导他们的人却不可能变成更正直的人。

我在宗教中看到了和在政治中一样的虚假性，我为之更感愤慨。因为，政府的弊端只会在大地上造成国民不幸，但谁知道良知的偏谬会带给不幸的凡人何种程度的破坏？我看到各种信仰告白、教义、崇拜礼仪，人们不信却亦步亦趋，[969]这既不能打动人心或理性，又对品行的影响微乎其微。大人，我要对您实话实说。真正的信徒不能将就这些装腔作势的做派。他感觉到，人是有智力的存在，必须奉行合乎理性的崇拜礼仪，人还是社会性的存在，必须拥有专为人类而设的道德规范。让我们首先找到这种崇拜礼仪和这种道德规范，这将适合所有人。等到需要一些全国性的程式时，我们再来探讨这些程式的基础、关系和适用范围。我们先讨论人,再讨论公民。我们尤其不要像您那位德·佛洛里①先生那样,为了建立他那一套冉森派教义,竟想把自然法和连接人类的诸种义务连根拔除,依照他的理论,基督徒和非基督徒就算缔结和约,由于没有共同有效的法律,彼此也就根本用不着承担责任。

我发现有两种方法可以检验和比较不同的宗教。一种方法是以宗教的真与假为依据,这要么针对作为宗教创立基础的自然或超自然事件,要么针对人的理性从至高存在及其所规定的崇拜礼仪中所获得的概念;另一种方法是以宗教在这个世界上所造成的世俗道德效应为依据,也就是以宗教带给社会和人类的好与坏为依据。我们不能为了避免双重检验而一开始就认定这两种方法总是殊途同归,也不能由此认为,最真实的宗教也就是最有社会性的宗教:这恰恰是值得探讨的问题所在。我们不能斥责探讨这个问题的人不信宗教,是无神论。因为,信仰是一回事,检视信仰的效应则是另一回事。

我承认,如果说人是为社会而生的,那么最真实的宗教也就最有社会性和人性,这个说法看来确定无疑。因为,神把我们造成什么样子,也就意愿我们保持这个样子,假设他真的把我们造得天生是恶的,那么,想要改变自己的邪恶本性,也就是在违背神的意志。何况,既然宗教被视为神和人类的一种关系,那么只有人类保持良好的状态,才能达致神的荣耀,因为,这种关系中的一方,也就是神,从[970]

---

① [全集本注]德·佛洛里(Joli de Fleuri,又写作 Joly de Fleury),巴黎议院代理检察长,正是他对《爱弥儿》提出公诉。他在兄长升任总检察长之后接任这个职务。参见《忏悔录》,第十一章,全集,I,579;《卢梭审判让·雅克》,全集,I,694。另参 Paul Bisson, *L'activité d'un procureur général au Parlement de Paris à la fin de l'Ancien Régime: les Joly de Fleury*, Paris, 1964。

天性上完全超乎人类的能力之上,无论人类赞同还是反对他。

然而,这个观点虽然极有可能成立,却由于一些与之相悖的历史记录和事实现象,反而成为某些重大疑难的问题所在。犹太人生来是所有外族的敌人,依据明确的神示,他们在建立自己的民族初期就摧毁了七个民族。所有基督徒都发生过宗教战争,而战争对人类有害;所有宗派既迫害别人又遭受迫害,而迫害对人类有害;好些教派鼓吹独身,而独身对人类有害,[1]假设所有人奉行独身,人类种族就会消亡。这些如果还不足以作为判定的依据,至少可以作为检视的理由,我不求别的,只求人们允许我做这样的检视。

[1]禁欲和贞节自有益处,甚至对人口发展有益;自我控制总是美好的,持守贞操因而非常值得尊敬。但我们不能因此认为,一个人一辈子持守贞操就是美好的、值得赞扬的,毕竟这样做是在违背自然,搞错了人生的目的。人们尊敬一个达到适婚年龄的处女,胜过尊敬一个年轻妇人,不过,人们尊敬一个家庭的母亲,也胜过尊敬一个老处女,在我看来,这是很明智的做法。人既不是一出生就结婚,也不宜过早结婚,人人都应持守和敬重贞操,贞操确实有必要、有益处、有价值、有光彩,不过,这样做是为了让人在适宜的时候带着贞节步入婚姻。怎么! 他们带着荒唐的胜利表情在说什么,这些独身者鼓吹什么婚姻症结! 他们为什么不结婚? 啊! 为什么? 因为在你们愚蠢的教育下,原本那么圣洁甜蜜的状态变成一种不幸可笑的状态,从此只有骗子或傻瓜才可能在婚姻状态下生活。残酷的权威呵,荒谬的法律呵! 全怪你们,让我们无法履行在这个世界上的义务,全怪你们,自然的抗议声从我们身上升起。你们怎能如此残忍,逼迫我们到这种不幸状态,又反过来指责我们不幸?①

---

① [全集本注]草稿中未见这条注释。卢梭重提《信仰自白》中有关婚姻的论点,参见《爱弥儿》,全集,IV,566–567。

我不曾说过,这个世界上没有好宗教,我也不曾这么想过。但我说过,而且这再真实不过,在所有曾经或依然占主导地位的宗教中,没有哪个宗教不曾给人类造成残酷的创伤。所有宗派都在折磨自己的弟兄,都为神供奉人血的献祭。不管[971]这些矛盾从何而来,矛盾确乎存在。想要消解这些矛盾难道是一种罪过吗?

爱从来不会杀人。爱邻人从来不会造成残杀。因此,人群对救赎的热忱从来不是迫害的起因,自尊和傲慢才是迫害的起因。一种信仰崇拜越是不合乎理性,人们越是渴望利用强力建立起它。一个人公开主张一种荒诞的教义,就不可能忍受有人胆敢揭露这种教义的真相:理性于是乎成了最大的罪过。必须不惜代价去除他人身上的这种理性,如果这些人看出他缺乏理性,那该多么耻辱。于是乎,不宽容和不一致同出一源。必须一刻不停地威胁、恐吓人群。人群只要有一刻回归理性,他就完了。

只有明白这一点,我们才能理解,在这种狂热状态下教会大多数人在宗教问题上运用理性,这是在对他们做一件大好事,因为这是在引导他们接近做人的义务,这是在拔除不宽容的匕首,这是在把全部权利归还给人类。不过,想要做到这一点,必须回溯到适用于所有人的基本的共同的原理,不然本意虽是运用理性,却给神父们的权威留下借口,把武器交给狂热崇拜,鼓励它变得更残忍。

热爱和平的人不应求助于书本。这是一条永远走不到头的路。书是没完没了的争执的来源。看看各个民族的历史吧:没有著述的民族也就没有争吵。您想让人们屈服于属人的权威吗?有的人会,有的人却不会,他们受的影响深浅不一。这些人既有最完全的诚信、世上最出色的判断力,也就绝无可能达成一致。千万不要把别人的论据当成自己的论据,千万不要以别人的言论作为自己的依据。人类的语言从来不够明确。假使神不吝用我们的语言对我们说话,那么他说的每一句话必定都要引发争议。

语言是人类的作品,而人类是有限的。语言是人类的作品,而人类是说谎的。即便清楚陈述的事实也能找到钻空子的机会,同样地,即便[972]赤裸裸的谎言也能找到几个虚假的理由。

让我们假设,有个人在半夜里向大家宣布这是白天,大家会嘲笑他。但是,如果这个人有时间和办法建立某种宗派,那么迟早他的拥护者会跑来向你们证明,这人说的是对的。他们会说,就在他宣布这是白天的时候,世上确实有些地方是白天,这再明确不过。另外一些人还会论证,由于空气中始终存在着一些光粒,从另一层面而言,夜晚确实也是白天。只要有这么些精明的人掺和进来,很快你们就会在深夜里看见太阳。但并非所有人都承认这个明显的事情。于是争论就会出现,并且通常会转化成战争和暴行。一部分人要求得到解释,另一部分人拒绝解释;有的把这个说法引申为转义,有的则坚持是本义。有的说,他在半夜说是白天,于是是半夜;有的说,他在半夜说是白天,于是是白天。人人指责对手缺乏诚信,一意孤行。最终只好彼此攻击,互相屠杀,鲜血到处流淌。假设新的宗派取得了胜利,那么它接下来还得证明半夜是白天。所有宗教纷争的历史大抵如此。

大多数新的宗教信仰凭靠狂热崇拜得以建立,又凭靠伪善得以维系。它们触犯理性,无益德性。狂热和妄想不会运用理性,一旦持续存在,什么都行得通,人们极少在教理信条上讨价还价。这倒真是便利呵!遵守教义不费吹灰之力,道德实践却要付出极大代价,人们自然选择轻松的做法,用诚信的美名弥补善行的不足。不过,无论如何,狂热崇拜是一种无法持久的危机状态。它发作起来可长可短,可能是经常性的也可能不是,它也有停歇的时候,在这个时期人能保持冷静。人一回归理智,往往惊讶自己竟受这么荒谬的束缚。然而,信仰已经确立,仪式已经规范,律法已经制定,违规者也已经受到惩罚。谁还会独自起身反抗[973]这一切,否认本国的法律,拒绝父辈的宗教吗?谁还敢这么做吗?人们沉默地顺服了,鉴于利益上的顾虑,还是赞成那些继承来的见解吧。和其他人一样行事;只在私底下随意嘲笑在公开场合假装尊敬的东西。大人,大多数人对大多数宗教,尤其对您的宗教,就是这么想的;我们常常发现的道德与品行不一致的关键就在这里。这些人的信仰只是表面的,他们的道德风尚就和他们的信仰一样。

为什么一个人会去审查另一个人的信仰?为什么国家会去审查公民的信仰?这是因为,一般认为,信仰决定人们的道德,人们对来生的看法决定了他们在此生的品行。假设不是这样的话,他们信或假装信什么又有什么关系?宗教的表象只有一个用处,那就是免得他们再去找另一种宗教。

在社会中,人人有权知道别人是否认为有义务做一个公正的人,主权者有权检验每个人确立这一义务的理由。① 此外还应考察国家的形式,我非常强调这一点。不过,在与道德无关、无论如何也不会影响品行和触犯法律的想法方面,每个人以自己的判断为主,谁也没有权利同时不存在利益去规定其他人的思考方式。例如,有人(甚至是身居高位的人)来问我对著名的三位一体问题有何想法,圣经对这个问题只字不提,却有那么多幼稚的人为它召开

---

① [全集本注]参见卢梭致伏尔泰的信(全集,Ⅳ,1072);R. Derathé, *La religion civile selon Rousseau*, in Annales J. – J. Rousseau, t. XXXV,167 – 168。

宗教会议，那么多人为它绞尽脑汁，①那么，我会首先告诉这个人，我一点也不明白，也根本不想明白，我还会用尽可能诚恳的方式请求他去操心自家的事，如果他还是坚持不休，那我就随他去。

只有依据这个原则，才有可能在宗教纷争上确立某种稳定而公道的东西。否则，每个人从自己的角度提问，永无可能达成一致，也不会在生活上达成共识，宗教本应成就[974]人类的幸福，结果只能带来最大的不幸。

宗教越老化，宗教的目的越丧失殆尽；教义的繁琐程度不断升级，人们妄图解释一切、决定一切、领会一切；教义越来越考究，道德也越来越衰败。可以肯定地说，《申命记》的精神与《塔木德》、《密西拿》②的精神相去甚远，福音书精神也与围绕教会谕旨的纷争相去甚远！③阿奎那提问[1]：信条是否会随时间推移而增多，他给出了肯定的答案。换言之，神学家一个比一个更会添枝加叶，他们知道的比耶稣基督及其门徒说过的话还多。保罗承认自己只能模糊不清地看见，而不能全知道。[2]我们的神学家却高明得多：他们看见一切，知道一切；他们能澄清圣经中的隐晦经文；他们能就疑难问题发表声明；他们以通常的谦逊态度令我们感到，圣经作者若

---

① [全集本注]影射三至四世纪早期基督教会的神学争论：能否把三位一体的位格称为 hypostase 而非 substance？参见《天主教神学词典》，词条 Hypostase I(t. VII, 1922, col. 369 起)。

② [全集本注]《密西拿》(*Misna*, 或 *Mischna*)，犹太人规定神学和公民权利的法典。

③ [全集本注]指 1713 年 9 月 8 日教会谕旨(题名 Unigenitus, 即"独生子")。[译按]这是教皇克雷芒十一世颁布的谕旨，目的是否定冉森派教义，尤其将冉森派神学家 Pasquier Quesnel 在 1692 年的《道德沉思》(*Réflexions morales*)中的一百零一条观点判作异端思想。罗马天主教会的本意是结束当时的神学纠纷，不料反而导致更大的分裂。

无他们帮忙简直没法令世人读懂,圣灵少了他们也简直不知该如何清楚表达。

[1]*Secunda secundae Quaest.* I, Art. VII。①

[2]哥林多前书,13:9,12。

一旦忽略人的义务,而只顾神父的意见以及他们之间的无谓争论,人们也就不再关心一名基督徒是否敬畏神,而关心他是不是正统信徒;人们让他签署各种调查表,上头充斥着最无意义、通常也是最难理解的问题,只要他签名,诸事大吉;人们不会再打听别的。只要他不至于让自己被绞死,那么他甚至还能随心所欲地活着;他的道德品性好坏又有何干,教义平安无事就够了。宗教一旦变成这样,还能给社会和人群带来什么好处呢?它只会在人群之中激发纠纷、混乱和各种形式的战争,让人群为着一些隐晦的言辞而相互杀戮:与其拥有这样一种备受误解的宗教,还不如不要宗教。可能的话,让我们避免宗教堕落到这个地步吧!尽管有火刑堆和镣铐的威胁,让我们至少不要辱没人类这个族群吧!

[975]让我们假设,人类厌倦了这些分裂人心的争执,于是聚集起来,寻求结束纷争,商定一种适合所有民族的共同宗教。一开始,每个人肯定会先推荐自己的宗教,声称只有它才名副其实、合乎理性、确凿无疑,为神所喜悦,也对人类有益。不过,他的证据与他的说服不相符,至少其他宗派这么认为。每个派别将只拥护自己的宗教,其他所有派别将团结起来反对他,这也是毫无疑问的。

---

① [全集本注]出自阿奎那《神学大全》的一个条目,标题为"信条是否会随时间推移而增加?"阿奎那通过区分显式与隐式做出了回答:神的启示只有一个,但人类的辨识有可能是循序渐进的。

商议将以这种方式轮转一圈，一方提议，其他多方否决，这不是达成共识的办法。我们不妨相信，在如此幼稚的口角中浪费了不少时间以后，明智的人们转而寻求调解的办法。为此，他们提议先把所有神学家赶出聚会，他们不难让大家明白，这是和解必不可少的先决条件。在做了这件好事之后，他们告诉各个民族：

> 如果不先商量出某个原则，你们永无可能达成共识，你们不能说，"因为我对了，所以你们错了"，这个理由永远不可能说服人。
>
> 你们说到什么为神所喜悦。这恰恰是问题所在。我们如果知道哪种宗教信仰最为神所喜悦，也就不会发生这些争执了。你们还说到什么对人类有益，这是另一回事；人类有能力做出评判。因此，让我们把这种益处当成准则，建立与之最相适应的教义。我们有望因此而尽人类所能地接近真理，因为，我们可以推断，对被造物最有益的，也最令造物主喜悦。
>
> 首先，让我们想一想，我们在天性上是否还有相似性，我们对彼此是否还有意义。犹太人，你们在人类的起源上有什么想法？我们认为人类有同一个祖先。基督徒，你们呢？我们在这个问题上与犹太人想法一致。穆斯林，你们呢？我们和犹太人、基督徒想法一致。这就很好了：既然人类全是弟兄，就必须像弟兄一般相亲相爱。
>
> 现在告诉我们，这位共同的祖先[976]又是从哪里获得生命的？因为，他不可能自然生成。从天地的创造者那里。犹太人、基督徒和穆斯林在这个问题上看法一致。这又是很重要的一点。

那么，这个人，这个造物主的作品，他是单一还是混合的存在？由一种还是两种实质构成？基督徒，回答这个问题。他由两种实质构成，一种是有死的，另一种是不死的。穆斯林，你们呢？我们也这么想。犹太人，你们呢？从前，我们在这上头的想法就和经书上写的一样模糊，不过艾赛尼派已经阐明了这个问题，①我们和基督徒看法一致。

这样一个个问下来，在神意、来生格局以及各种关乎人类良好秩序的基本问题上，这些人均得到了基本一致的答案，于是对在场人说（我们记得，神学家们已经不在会场）：

我的②朋友们，你们在为什么而苦恼？你们在重要问题上已经达成共识，至于你们在其余问题上存在分歧，我看不出有什么不妥。你们就用这少数条文建立一种普遍的宗教，这也

---

① ［全集本注］依据约瑟夫斯（Flavius Josephus，一世纪的犹太史家、神学家）在《犹太战记》（*De Bello judaico*, II, viii, ii）中的记载，艾赛尼派传授某种柏拉图思想，他们认为，灵魂是非物质的、不死的，但被囚禁在天性会败坏的身躯之中。《犹太古史》（*Antiquitates judaicae*, XV, x, 4）比较了艾赛尼派与毕达哥拉斯派。另参 Dom Calmet, *Histoire de l'Ancien et du Nouveau Testament*, Paris, 1719, t. II, 150–151, 155–160; *Dissertations qui peuvent servir de prolégomènes de l'Ecriture sainte*, Paris, 1720, t. I, 726–736; Beausobre,《摩尼教史》，前揭，332。［译按］艾赛尼派是第二圣殿时代兴起的犹太教宗派，依据约瑟夫斯的说法，这是继法利赛派、撒都该派之后的第三种犹太教宗派。亚历山大的斐洛亦有记载。随着上世纪中叶死海古卷的发掘，艾赛尼派教义重新引起世人关注。

② ［译按］上文明明是"这些人"，也就是赶走神学家的"明智的人们"，这里变成"我"。复单数的混淆在卢梭著述中并不算少见。

将是人性和社会性的宗教,所有生活在社会中的人都必须奉行。如果有人宣扬与它相悖的教理,那么社会必须惩罚他,将他视作基本法的敌人。①至于你们有分歧的其余问题,你们有多少种个人信仰,就形成多少种国家宗教,并且带着诚恳的心去信奉。不过,千万不要费神把它强加给其他民族,你们要相信神决不强求这一点。强求其他民族顺服你们的观念或法律,同样是不公正的;在我看来,传教士并不比征服家更明智。

你们遵循各自的教义,但不要想当然地以为它确凿无疑,任何人不这么看就犯了缺乏诚信的毛病。你们千万不要以为,有人在考量你们的见证之后予以否决,就是顽固不化,就该因为[977]不信神而受惩罚。你们千万不要以为,只有你们才懂得理性、热爱真理和真诚。世人指责一个人否认明显的事情,就倾向于把这个人当成敌人。世人抱怨谬误,却仇恨固执。你们大可以偏爱自己的理由,好极了,但莫忘了其他人可能不这么看,他们有他们的理由。

你们要尊敬你们各自的信仰崇拜的创始者。人人向各自的创始者尽到应尽的责任,但不要轻视其他的创始者。这些创始者全具有高度的才华和伟大的德性:这总是值得尊敬的。他们自称为神的使者,这可能是真的也可能不是。多元的群体不能以同一的方式来评判这个问题,既然彼此掌握的证据并不相同。就算这些人不是神的使者,也不能被轻率地当成

---

① [全集本注]《社会契约论》(第四章,8,见全集,III,460 起)专辟一节,谈论"公民宗教"(Religion civile)的必要性。另见《信仰自白》,《爱弥儿》,全集,IV,631 – 632。

骗子。谁能知道,这些崇高的灵魂对神性的持续沉思和对德性的热爱会在多大程度上扰乱通俗理念的刻板而又平庸的秩序?过度的升华让人晕眩,再也看不清事物的本相。苏格拉底自以为平易近人,我们可不敢因此指责他是骗子。难道我们对待民族的创始者、国家的施恩人,反倒不如我们尊重某个个人吗?

此外,你们不要再为谁的信仰崇拜更优越而争执。它们全是好的,既然全是由法律所规定,并且基本宗教要素全在里头。如果说这里头看不到基本宗教要素,那么它们就是不好的。信仰崇拜的形式属于宗教内部的管理,而不是宗教的根本,应该由主权者负责本国内部的管理。

大人,我想,一个人如果这么运用理性,就不可能辱骂宗教、亵渎宗教,他反而提出了一种公正合理、有益人群的和平方法。同时,这并不妨碍他像其他人一样有个人宗教,并且同等诚挚地热爱这种个人宗教。真正的信教者知道,不信教者同样也是人,并且有可能是正直的人。他用不着犯过错也可以关注这人的[978]命运。阻止一种外来崇拜进入本国,这是对的,但不能惩罚那些想法与自己不同的人。谁若做出这么轻率的评判,就会成为其他人类的敌人。我不停地听人说,应该赞同世俗宽容,但不应赞同神学宽容,我的想法完全相反。我相信一个好人总能得到救赎,只要他诚信地生活在某种宗教中。但我不因此认为,在未经主权者允许的情况下可以合法地把外来宗教引进一个国家,这即便不是直接违抗神,也是在违抗法律,而违抗法律的人必然也违抗神。①

至于那些在一个国家已获确立和宽容的宗教,我认为强行镇压将是不公正的野蛮做法,主权者粗暴对待那些宗派信徒将是大错特错。选择一种新的宗教,与始终信仰出生时的宗教非常不同。只有前一种情况才应受惩罚。我们既不应该鼓励建立多样的信仰崇拜,也不应该废除那些业已建立的信仰崇拜,因为,儿子信奉父亲的宗教永远有理。迫害者与公共安宁的原则背道而驰。宗教只有在如下情况下才会引发国家动乱,要么统治的一派想要打压弱势的一派,要么弱势的一派奉行不宽容准则,不肯与任何异己派别和平相处。然而,在合法的信仰崇拜中,也就是包含基本宗教要素的信仰崇拜,信徒只求获得容许、和平生活,除非为了自我保护和反抗迫害,这类信仰崇拜从不会挑起叛乱或内战。在法国,新教徒一向只在被攻击时才拿起武器。倘若别人肯下决心给他们安宁,他们决不闹事。我坦率地承认,无论律法如何规定,改革宗一开始确乎没有在法国发展的权利。然而,随着父子相承,这一宗派成为一部分法兰西人民的宗教;通过南特敕令,国王正式与这部分人实现协商。这条赦令成为不容侵犯的契约,[979]只有契约双方达成共识才能撤销。自此,在我看来,信奉基督新教在法国就是合法的事。

---

① [全集本注]Antoine Audoyer 读过《致博蒙书》后提出,在基督徒传道的国家里,有些地区的本土宗教要么是犹太教,要么是多神异教。1763 年 5 月 28 日,卢梭在回信中做了更完整的解释:"首先,基督宗教无非就是获得解释和实现的犹太教,因此,使徒在向犹太人传授福音书时根本没有违背犹太人的法律……其次,一种国家特殊宗教只有在包含基本宗教教义的情况下,人们才有义务奉行,多神异教不属于这种情况,使徒有权利在传道中反驳异教教义,即便在多神信徒中也可以这么做。"(书信全集,XVI,261–262)

假设情况不是这样的话,那么信徒有两种选择,要么带着财产离开这个国家,要么留下来改信本国的主导宗教。可是,强迫他们留下来又不肯宽容他们,要求他们既是这样又是那样,剥夺他们的自然权利,宣布他们的婚姻无效,[1]他们的孩子系私生子……我就算只说实话,也讲得太多,还是沉默为好。

[1] 在不幸的卡拉斯的案件中,图卢兹法院颁布判决,指责新教徒私自举办婚礼:"就新教徒而言,这种婚礼只是世俗行为,因此在形式和效力方面完全服从法王的旨意。"①

就新教徒而言婚礼是一种世俗行为,从这个说法进一步推断出新教徒必须服从法王的旨意,这就把婚礼转化成为一种天主教行为。新教徒为了结婚,也就合法地被迫变成天主教徒。这是因为,就他们而言婚礼是世俗行为。这就是图卢兹法院的大人先生们的推理方法。

法兰西是泱泱大国,法兰西人因此满脑子以为,人类除了他们的法律以外不应该还有别的法律。他们的法院和审判庭似乎对自然法和国际法一无所知。值得注意的还有,在这么一个大国里,有这么多大学、院校、科学院,人们郑重其事地教授一些没用的知识,却居然没有一个自然

---

① [全集本注]自路易十四废除南特赦令以来,法国新教徒的境遇每况愈下。1724 年 5 月 14 日赦令规定,新教徒的婚礼和受洗只有经天主教神父主持才有效。新教徒被禁在国外结婚,或把孩子送往国外。直到 1788 年 1 月 19 日,随着相对宽容的新赦令的颁布,非天主教徒才有可能在法国获得公民资格。Joseph Faurey, *Le Droit ecclésiastique matrimonial des calvinistes français*, Paris, 1910, *Dictionnaire de droit canonique*, t. VI, Paris, 1957, col. 736 – 737。南特赦令乃亨利四世为结束宗教战争、平息新教徒愤怒而于 1598 年颁布的法令。该法令的废除意味着所有法国人被强制做天主教徒,新教徒往往拒绝在天主教神父面前举行婚礼,或者天主教神父拒绝为新教徒主持婚礼,这造成新教徒婚礼的合法性始终是一个社会疑难。卢梭在《社会契约论》第四章中讨论了这个问题,参见全集,III,343,344;469。

法的教师席位。在欧洲,只有这个民族认为这方面的研究微不足道。①

以下是我至少还能说的话。单单考虑国家理性,清扫法国新教领袖也许没错,但必须到此为止。政治准则既注重应用,又讲究区别。为了预防根本不用担心的纷争,有人干脆摘除原本能派大用场的根源。一个宗派没有要人或贵族带头,还能给像法兰西这样的国家带来什么伤害吗?考察你们从前被冠以宗教战争之名的所有战争吧。您将发现,每场战争的起因无不牵涉到宫廷,牵涉到政要们的利益。密室阴谋把事态搞僵了,[980]长官们这才以神之名号召民众。只是,商人和农夫又能成就什么阴谋诡计呢?在这个国家里,只有奴才和主子,平等要么不为人知,要么遭人嫌恶,商人和农夫又能形成什么党派呢?一个商人在英国提议揭竿而起还有人听,他在法国人这儿只能遭到嘲笑。[1]

  [1]只有在一种情况下,一个没有首领的民族才会被迫拿起武器,那就是他们被迫害者逼到绝望的尽头,只能选择毁灭的方式。本世纪初的卡米扎尔战争就属于这种情况。②人们非常惊讶,一个遭受轻视的宗派居然能从绝望之中汲取这么强大的力量:迫害者永远不懂得预先考虑清楚。只是,类似的战争总要流血无数;在战争变得不可避免之前,最好有周全的考虑。

---

  ① [全集本注]自然法一直是卢梭最关注的话题之一。在《论不平等》中,他一一批评了历史上那些自称建立自然法概念的学者,参见全集,Ⅲ,124 – 125。
  ② [全集本注]1702 年至 1704 年间,卡米扎尔起义(Révolte des Camisards)确乎升级成为一场名副其实的战争。路易十四为了镇压塞文山区的新教徒,不得不派出军队,并前后派出好几位法国元帅。这场起义一直持续到 1713 年。

我若是国王？不可能。大臣？更不可能。但我若是法兰西权贵，我就会说：在我们这群人中，一切向职务公差看齐，一切为着换取作恶的权利；巴黎和宫廷霸占了一切。就让这些可怜人去填补外省的空缺吧；就让他们是商人，并永远是商人，让他们是农夫，并永远是农夫。他们不能摆脱现有的身份状况，就会从中尽可能汲取好处；在我们力图摆脱的私人生活状况中，他们会乐意替代我们的地位；他们将会振兴我们被迫放弃的商业和农业；他们将会维系我们的奢华；他们将会劳作，而我们将能享乐。

这个设想虽然不见得比其他设想更公平，但至少更有人情味，并且肯定更有用。制造国家不幸的不只有暴政和长官们的野心，更有他们的成见和短视。

最后，我想摘录一段讲话，这与我的主题有几分关系，也不会花太多篇幅。

有个琐罗亚斯德教徒①秘密娶了一个穆斯林女子为妻，事情败露，他本人被抓，由于拒绝改信伊斯兰教而被判死刑。他在临刑前对法官们说了一席话。

> 怎么？你们想处死我！哎呀！你们凭什么处罚我？我违抗的是我自己的法律，而不是[981]你们的法律：我的法律打动人心，决不残酷；我遭到我的弟兄们的指责，我的罪行也就

---

① [全集本注]琐罗亚斯德教是琐罗亚斯德（又译扎拉图斯特拉）所创立的古代宗教的一支派别，他们离开波斯，迁居印度，十五世纪定居印度苏拉特地区。[译按]琐罗亚斯德教在我国又称祆教，琐罗亚斯德教徒又称"帕西人"(les Parsis)，最早指八至十世纪开始迁居印度的波斯人，他们一般坚持信仰琐罗亚斯德教，不愿改信伊斯兰教。

得到了惩罚。可我对你们又做过什么,居然要处以死刑?我对待你们就像自己的家人,我在你们中间选择了一位姐妹。我让她自由地保持原有信仰,而她为了自己好也尊重我的信仰。我毫无遗憾地只认定她一人,遵照那位把我造出来的神所要求的崇拜方法,我通过敬重她而偿付了一个人对全人类应尽的义务;爱情使我们在一起,美德令我珍惜她,她一点也没有活得像奴隶,她拥有自己丈夫的心,并且无须和其他女子分享:我的过错不但成就了我的幸福,也成就了她的幸福。

这个过错原本值得原谅,你们为了赎过,一心想把我改造成狡猾说谎的人,你们一心想让我公开赞同你们的观点,尽管我不喜欢也不相信这些观点——莫非背叛了我们的法律,还有资格去投靠你们的法律?你们让我在变节和死亡之间做出选择,我选好了,我不想欺骗你们。我情愿死,既然非如此不可,但我死而配再生,配投生做一个正义的人。我为我的宗教殉难,不怕死后进入你们的宗教。但愿我投生在穆斯林中,好教他们变得人性、宽厚和公正。我们侍奉同一个神,因为不可能有两个神,你们在狂热中变得盲目,迫害神的仆人,你们残忍、嗜血成性,仅仅因为你们是不合逻辑的人。

你们像孩子一样幼稚,在游戏中只知道伤害别人。你们自以为学问高深,却对神一无所知。你们新生的教理难道适合那位永世存在并意愿获得崇拜的神吗?新兴的民族呵,你们怎么敢在我们面前谈论宗教?我们的礼教如星辰一般古老:最初的太阳曾经光照我们的祖先,接受他们的敬拜。伟大的琐罗亚斯德①见证了世界的开端,他预见并标记了世界的秩序,而你们这些新兴的人呵,你们居然想作我们的先知!比穆罕默德早两千年,早在以实玛利及其父亲诞生以前,麻葛②已被视为古人。我们的经书是亚洲和世界[982]的律法。在我们的祖先生活的年代,曾有三大帝国交替完成了漫长的统治。在那之后,才有你们的祖先从虚无中冒出来。

带成见的人们啊,看清楚你们与我们的差别。你们自称信徒,却活在野蛮之中。你们的政制、法律、崇拜礼仪乃至德性都在折磨人、贬损人。你们只会对人规定一些悲惨的义务。斋戒、贫困、斗殴、割礼、禁闭。你们的规定只会折磨和束缚人。你们让人仇恨生活,仇恨各种谋生手段:你们的女人没有男人;你们的土地没有耕作;你们捕食动物,屠杀人类;你们嗜好鲜血和杀戮;你们的建筑既触犯自然又贬低人类;在专制和狂热崇拜的双重枷锁下,你们打着君王和神灵的名义欺压人。

至于我们,我们是和平的人,我们不伤害任何生命,也不想这么做,就连对待我们的暴君也是一样:我们毫无惋惜地把劳作的果实让给他们,我们很满意能对他们有用,能完成自己的义务。我们的众多牧群遍布你们的草场;我们亲手摘种的树木给你们带来果实和阴凉;我们耕种你们的土地,我们的劳作喂养着你们。一个淳朴温和的民族在你们的凌辱下缓慢繁衍,在共同的母亲怀抱中,你们什么也找不到,我们却为你们

---

① [全集本注]这里写作 Zerdust,是琐罗亚斯德(Zoroastre)的别名。伏尔泰在《风俗论》第五章中说,"高古的 Zerdust,希腊古人称他为 Zoroastre"(Voltaire, *Œuvres complètes*, éd. Moland, Paris, 1877 – 1885, t. XI,198)。

② [译按]琐罗亚斯德教祭司。

汲取生命和财富。我们的劳作有太阳为证,日光照亮我们的耐心和你们的不义;太阳升起,我们已在忙碌,太阳落山,把我们带回家,为新的劳作做好准备。

只有神知道真相。就算我们在信仰中犯了错,也不至被罚入地狱,我们在这个世界上只做好事;就算你们是神的选民,你们却只做坏事。就算我们真的犯了错,你们[983]为自己好,也要尊重这些过错。我们的虔诚使你们富饶,你们的信仰却使你们衰败;我们在弥补你们受一种破坏性宗教的伤害。相信我吧,让我们继续奉行对你们有益的信仰崇拜;倘若有一天我们只尊崇你们的信仰,你们才应该感到恐惧:这会是你们所能遭遇的最大灾难。①

大人,我试着让您明白,《信仰自白》是在何种精神状况下写出来,又是出于何种考虑而被发表。现在,我请问您,您凭什么断定他的说法亵渎神灵、不信宗教、罪不可赦,您又从哪里看出它引诱人犯罪、对人有害? 有人指控我说了不该说的话、妄图扰乱公共秩序,我同样要请问这些人。含糊而轻率的非难呵,那些根本不考虑什么有益什么有害的人,只用一句话就致使轻信的公众反感一位带有良好意图的作者。提醒大多数人那被遗忘的真正信仰,难道就是在教导他们什么也别信吗? 促使每个人求诉本国的法律,难道就是在扰乱秩序吗? 限制每个民族只信仰自己的宗教,难道就是在摧毁一切崇拜信仰吗? 希望人们不要改变信仰,难道就是在剥夺既有信仰吗? 尊重所有宗教,难道就是在愚弄一切宗教吗?

---

① [全集本注]卢梭反复修改了琐罗亚斯德教徒的这段话。

还有,难道人们真有必要彼此仇恨,以致消除仇恨也就剥夺了一切吗?

但有人想让大多数人仇恨自己的捍卫者,且又大权在握,就会这么说服大多数人。现在,残酷的人呵,你们的法令、火刑堆、训谕和报纸在我的问题上混淆和蒙骗大多数人。他们听信你们的叫嚷,把我当成恶魔。但你们的叫嚷总要停止,我的作品却会流传后世,不管你们多么不愿意,这将是你们的耻辱。到了那时,基督徒将较少有成见,将会惊讶地在书中找寻你们声称找到了的可怕言论;他们将具备他们的神圣主人的品德,将只会在书中找到和平、和谐和爱的教诲。但愿他们从书中学会比他们的父辈更公正!但愿他们从书中汲取的德性为我报仇,摧毁你们的诅咒!

[984] 个人宗派的异议导致世界四分五裂,在这方面,但愿我能给予每个人足够的力量,劝阻每个人痴迷自己的宗派并仇恨其他人的宗派,为每个人带去宽恕和温存,促使大家做一个既令人震撼又无比自然的考虑:假设他们出生在别的国家和别的宗派里,那么他们必将把自己目前视为真理的当成谬误,而把目前视为谬误的当成真理!少坚持导致分裂的观点,多坚持促使团结的观点,这对人群来说多么重要呵!否则,他们不知道彼此之间的共通处,一味疯狂地痴迷个人观点。他们越是坚持这些观点,看上去越是缺乏理性。理性拒绝把权威赋予他们的宗派,而人人信心十足地想要填补这个空缺。这样,归根到底,人们在与自己利益相关的事情上完全一致却不自知,反而为了一些他们最不理解也最没必要理解的东西,在争执、挑剔、折磨、迫害、相互攻击中度过一生。人们徒然地堆砌着一个又一个决议,徒然地用莫名其妙的语言粉饰彼此的矛盾;每天都能找到有待解决的新问题,每天都有新的争论

主题,因为,每种理论都可以细分成无穷无尽的旁支,每个人固执于各自的小想法,把微不足道的误作根本的,而把真正根本的丢在一旁。只要有人提出他们无法解决的异议——随着理论日积月累,这越来越不难办到——他们就会像孩子一样恼恨。由于他们热爱自己的宗派多过了热爱真理,傲慢多过了诚信,所以,恰恰在他们最没有能力证明的地方,他们最是不能原谅任何一点怀疑。

我本人的经历再好不过地体现了我们对今天的基督徒所应抱持的评判,不过说得太明显,反而不可信,也许有一天还会引发截然相反的评判。今天我的同代人的耻辱,也许有一天会成就他们的荣耀,而那些读到我的书的天真的人们将会赞叹道:这样一本书被视同亵渎宗教而遭焚烧,作者被视同罪犯而遭追捕,那得是多么纯洁的年代呵!毫无疑问,当时的著作[985]全表现出了最崇高的虔敬,当时的大地上满是圣人!

但其他著作也将流传后世。人们将发现,比如说,在同一世纪里出现了一个为圣巴托罗缪大屠杀唱赞歌的作者,一个法国人,很可能还是一位教会人士,但不论法院还是主教全没有想过找他麻烦。① 比较这两本书的精神和这两名作者的过错,人们将改变说法,得出不同的结论。

一种理论罪不可赦,那是因为它引诱人犯罪杀人,培养狂热崇拜者。啊!将不正义和暴力体制化,妄称这是来自于神的宽容,在这个世界上还有什么比这更罪不可赦呢?在这里,我避免做出惹

---

① [全集本注]这里指卡维拉克神父(Jean Novi de Caveirac)写于1758年的作品,标题为"就废除南特赦令事为路易十四及其议会的辩护书,以回应'一名爱国者就法国新教徒的公民宽容的信',附关于圣巴托罗缪日的论文"。

您不快的比较。大人,请您只承认一点:倘若法国公开信奉萨瓦代理本堂神父的宗教,简单纯净的宗教,令人敬神、爱邻人的宗教,那么,法兰西大地上也就不会经常这么血流成河;温和①愉快的法兰西人民也就不会在这么多迫害和屠杀之中因残忍而震惊世人,从图卢兹宗教裁判所[1]到圣巴托罗缪大屠杀,从阿尔比战争到龙骑军迫害;进谏者德·布尔格也就不会因为赞成善待新教徒而被绞死;②玫林多尔和嘉布里埃的居民也就不会被埃克斯法院判决死刑;③无辜的卡拉斯也就不会在我们眼皮底下受尽虐待并死于车轮刑。④大人,现在让我们回头讨论[986]您的查禁以及您查禁的理由。

[1]西班牙圣徒多明我确实在其中起了很大作用。依据与他同修会的作者记载,这位圣徒"一边公开布道反对阿尔比教派,一边团结虔诚的信徒,当他无法以圣言的裁判权战胜异端分子时,那些狂热崇拜的人就会利用世俗的裁判权,从肉体上清除异端分子"。(Antonin, *Chron.*,

---

① [全集本注]参见前文 930 及相关注释。

② [全集本注]德·布尔格(Anne du Bourg),巴黎议院参议员,他曾促使撤销了几起新教徒的死刑判决。在一次正式开庭中,他宣称,人们不应指控路德教教徒犯了罪。在亨利二世令下,他被逮捕,1559 年底被处死。参见 *La France protestante*, t. IV, Paris, 1853, pp. 335–351。

③ [全集本注]这两个村落的人被判为伏尔沃异端教派,1545 年被处以死刑。

④ [全集本注]让·卡拉斯(Jean Calas)被指控杀害亲生儿子马克·安托那,因为后者想改信天主教。1762 年 3 月 9 日,他被判"活活打死……先受两个小时车轮刑再被火烧,骨灰随意丢弃"。这个判决在第二天得到执行。一年以后,1763 年 3 月 7 日,国会撤销了图卢兹法院的判决。1765 年 3 月 9 日,让·卡拉斯得到平反。伏尔泰在第一时间声援卡拉斯,代其家人撰写并发表了书信和论文。早在 1762 年 8 月 23 日,"卡拉斯夫人"的诉状已经在国王的议事会备案了。卢梭写作《致博蒙书》,正值卡拉斯事件发生。

p. III, tit. 23, c. 14, 2①）。这种爱与萨瓦代理本堂神父的爱毫无相似之处，他们所付出的代价也极为不同。一个被下了逮捕令，另一个则把公开拥护自己的人封成圣人。

萨瓦代理本堂神父说，总是有人来向我们论证神的话，并且是用我们听不懂的语言，我们反倒常常需要神来向我们论证这些人的话，至少可以肯定一点，神本来可以直接对我们说话，无须借助这么可疑的工具。萨瓦代理本堂神父抱怨，为了论证圣言必须动用这么多人的见证。他说："在神和我之间怎么有这么多人呵！"[1]

[1]《爱弥儿》，第三册，页141。②

您这么回答：

> 我亲爱的弟兄们，这个抱怨要想变得合乎常理，我们就得做出结论，但凡不是显示给每个个人的启示都是虚假的。我们就得说：但凡天主不是直接对我说话，那么他只能要求我去相信别人向我保证是他说过的话。[1]

[1]《主教训谕》，in‑4, p. 12. in 12. p. xxi。

恰恰相反，这个抱怨只有在承认启示的真实性的前提下才合乎情理。因为，倘若您假设启示是虚假的，那么，对神所使用的工

---

① ［全集本注］Antonius Senensis, *Chronicon fratrum ordinis praedicatorum*, Paris, 1585。Antonius Senensis，又称西耶那的安托尼乌斯，是一名多明我会教士。［译按］卢梭在译文之后抄录了拉丁原文，此略。

② ［全集本注］全集，IV, 610。

具又有什么可抱怨的呢?——没有启示,神等于没有使用任何工具。莫非神要为您上了某个冒名顶替者的当负责吗?您受骗,那是您错,不是神错。不过,倘若支配各种手段的神偏偏选了这种要求我们具备那么多学问、进行那么多深刻讨论才能领会的手段,那么,萨瓦代理本堂神父说出下面的话时确乎错了:

> 让我们观察、比较和验证吧。啊,要是神不叫我受这些麻烦的话,我敬奉他的心难道会少一些虔诚吗?[1]

[1]《爱弥儿》,第三册,前揭。

大人,您提出的小前提令人赞叹。有必要全文转录。我喜欢援引您自己的用语。这是我最恶毒的行为了。

可是,在基督宗教启示之前不是也发生过无数事实吗?怀疑这些事实不也是荒谬的吗?除了人的见证以外,作者还能通过什么方式知道斯巴达、雅典、罗马,并带着那么肯定的语气、那么经常地赞美这些民族的法律、风俗和英雄呢?在[987]他本人与那些保存这些事件记忆的史家们之间怎么有这么多人呵!

倘若我们讨论的问题不是那么严肃,倘若我不是那么尊敬您,那么您的这种推理方式本可以给我一个取悦读者的机会。不过,我要是忘了目前谈论的话题,忘了在对谁说话,从而没有采用应有的语气,神必不会欢喜。我只好冒乏味作答的风险,单指出您错了。

请您千万莫怀疑,人的事实由人的见证来证实,这是完全正常的。除此以外别无他法。我之所以知道斯巴达和罗马曾经存在过,完全是因为当时的作者这么告诉我,在我和另外一个生活在古代的人之间必定要有某些中间人。然而,在神和我之间为什么要有中间人?为什么是这么遥远的中间人,而且他本人和神之间同样需要其他好些中间人?神为了对让－雅克·卢梭说话,特意绕道去找摩西,难道这很容易理解、很自然吗?

何况,谁也用不着顶着下地狱的风险被迫相信斯巴达曾经存在过,谁也用不着因为怀疑斯巴达而遭永恒的地狱之火吞噬。一切人所无法作证的事实,只能通过道德证据来确立,而一切道德证据或多或少总是可疑的。属神的正义把我猛推进地狱,仅仅因为我无法明确指出一条道德证据究竟在哪一点上驳不倒,难道我该相信这种说法吗?

如果说这个世界上确乎有某种得到证实的历史,那就是吸血鬼的历史。①各种诉讼纪要,来自名流显贵、外科医生、本堂神父、行政法官的证书,一应俱全。司法证据再完整不过。但即便如此,谁会相信吸血鬼真的存在呢?我们会因为不信而全被罚下地狱吗?

李维记载的好些奇迹尽管得到不信神的西塞罗在无意中的证实,在我看来却只能是传说,而且我肯定不是唯一这么想的人。在这一点上,我本人和其他所有人的亲身经历比一两个人的见证更强有力。如果说斯巴达和罗马曾经也是奇迹,那么它们就是道德

---

① [全集本注]《信仰自白》初稿也引用吸血鬼的例子,但在定稿中删掉。吸血鬼是一些鬼魂,从坟墓中出来吸食人血。参见 Dom Calmet, *Traité sur les apparitions des esprits et sur les vampires ou les revenants de Hongrie, de Moravie, etc.*, Paris, 1751。

范畴里的奇迹。正如萨米矮人可能错误地以为[988]人类的自然身高就是四尺①长,我们同样有可能错误地拿周遭的人作标准去衡量人类的灵魂。

请您记得,我在这里只限于检视您的推理本身,而不为您所抨击的东西辩护。在做出这个必要的提醒之后,我斗胆用您的方式再提出一个假想并加以论述。

某个住在圣·雅克街的人跑去对巴黎大主教先生说了这么一席话:"大人,我知道,您既不相信让·德·帕里斯②圣徒喜获真福,也不相信在他坟前当众发生的那些神迹,尽管这个世界上见识最广、人数最多的城市全看见了。但是我认为有必要向您说明,我刚才看见这位圣徒本人就在他尸骨存埋的地方复活了。"

住在圣·雅克街的人又补充描绘了当时各种令人触目惊心的情境。我相信,一听到这个消息,在发表意见以前,您一定会先问那个报信的人,了解这人的身份、观点、谁是听他告解的神父和其他类似事项。您从他的神情还有谈话中看出,这是一个可怜的工人,拿不出一张告解证给您看,他的想法也进一步证实,他是冉森派教徒。您会带着嘲弄的神情对他说:"啊,啊,您就是狂热的冉森派教徒呀!您看见巴黎的约翰圣徒复活啦?这不奇怪;您看见过的神迹实在不少!"

---

① [译按]法国旧时的长度单位1法尺约为325毫米。
② [全集本注]天主教修士帕里斯(Pâris)生于1690年,死于1727年。他在短暂一生中奉行苦修,获得了当时冉森派信徒的赞赏。他被葬在圣玫塔尔公墓。常有信徒到他坟前祷告。由于发生过好几次神迹,引起了骚动,1732年国王下令封闭圣玫塔尔公墓。[译按]帕里斯原名为François de Pâris,卢梭文中作Jean de Paris。

在我的假想中,他这时一定会坚持,他会告诉您,他不是一个人看见了神迹,有两三个人和他一起看见了,当他想告诉别人这件事时,那些人声称他们也看见了。于是,您问这些证人是不是全是冉森派教徒?他会说:"是的,大人,不过这不重要;我们有足够多的人数,全是正派人,有见识,不容忽视的证人。证据完整,我们的声明足以证实这件事的真实性。"

[989]其他不那么好心的主教会派人找警察来,查办这个有幸得见光荣幻象的家伙,以此感谢神对小人物的恩典。但是,大人,您既比他们有人情味,也不至于更轻信,您给了他一顿严厉的叱责,随后对他说:"我知道,证明一个人活着或死了,有两三个正直又有见识的人作证就够了。但我暂时还不清楚,证明一个冉森派信徒复活需要多少证人。在我搞清楚以前,我的孩子,小心你的脑袋。我只不过免你斋戒,你就趁势做了一锅好汤。"

大人,您大概会这么说。所有处在您这个位子上的聪明人也会这么说。我由此得出结论,即便在您和其他聪明人看来,道德证据足以证明属于道德可能性范畴里的事实,但不足以证明其他范畴的纯粹超自然的事实:我请您在这个理论基础上评判您自己的比较是否公正。

您却从中得出了反驳我的得意洋洋的结论。"因此,他对宗教的怀疑态度不过是以他本人不信教的利益为依据。"[1]大人,等我哪天谋得一个年金十万利弗尔的主教职务,您再来讨论我不信教的利益吧。

[1]《主教训谕》,in-4, p. 12. in 12. p. xxii。

现在让我们继续抄录您的原话吧。涉及我书中的段落,我冒昧根据需要还原了被您大量删节的部分。

他随后又补充道:"假定有一个人来告诉我们:凡人啊,我要向你们宣布至高天主的意愿,你们要承认,我的话就是那位派我来的天主的话。我要命令太阳改变运程、星辰重新定位、高山变作平地、江河流水上升、大地换个样子:一看到这些奇迹,谁不立即认出自然的主宰呢?"①我亲爱的弟兄们,谁不相信如此表述的人只会要求看见奇迹才肯成为基督徒?

[990]远非如此,大人,我成为基督徒根本不需要奇迹。

不过,听听他又补充道:"他说,最后还要对宣讲的教义做出最重要的考察;因为,既然那些说天主在世上行奇迹的人同时又声称魔鬼有时会加以模仿,那么,尽管见到了经过最好验证的奇迹,我们在这方面也不会因此而比从前更高明;既然法老的术士胆敢当着摩西的面做出摩西奉天主命令而行的奇事,那么,当摩西不在的时候,他们怎么不会以同样的名义声称他们具有同样的权威呢?因此,在用奇迹证明了教义之后,又要用教义来证明奇迹,以免把魔鬼所行当成了天主所行。[1]在这种情况下应该怎么办才能避免两段论法呢?只有一种办法,那就是回归理性而不谈奇迹。最好是根本不要依靠奇迹。"

[1]我在下文不得不效仿博蒙先生,把注释和正文混在一起。读者

---

① [译按]《爱弥儿》,第四章,全集,IV,612。

可以自行查阅原书:《爱弥儿》,第三册,页 145 起。①

"这就是说,对我显奇迹,我就会相信。"是的,大人,这就是说:对我显奇迹,我就会相信奇迹。"这就是说:对我显奇迹,我还是会拒绝相信。"是的,大人,这就是说,依据摩西的训诫[1]:对我显奇迹,我还是会拒绝相信有人试图借着行奇迹而提出的某个荒诞无理的教义。与其把违背理性的教训误认作神的声音,我情愿去相信巫术。

[1]《申命记》,第 13 章。

我说过,这是最简单不过的常识,但有人会利用极其细微的区分来使问题变得模糊不清。这是我的又一个预言。它确实应验了。

当一种教义被承认为真实、神圣、有确实的启示为依据,人们就可以运用这种教义来评判奇迹,这就是说,可以用来否决某些骗子借以驳斥这种教义的所谓奇事。如果这是一种被宣称来自天主的新教义,那么就会出现某些奇迹作为见证。这就是说,[991]具有至高天主的使者这个资格的人,通过奇迹来确定自己的使命和说教,这些奇迹也就是神意的见证。这样,根据在宗教研究和宗教教育中的不同观点,教义和奇迹互为证据。这样就不会发生推理的弊病、可笑的诡辩,或恶性循环论证。[1]

---

① [全集本注]全集,IV,612 – 613。

[1]《主教训谕》,in-4, p. 13. in 12. p. xxiii。

读者自有评判。我不会多说一个字。我在前文做过一点回应,用的是我自己书中的段落。现在,我要用您的说法来做回应。

我亲爱的弟兄们,这位作者用以自我粉饰的哲学诚信究竟在哪里?

大人,我从未炫耀过什么哲学诚信,因为,我不知道有这样的东西存在。自从我们这个年代的所谓基督徒们不查禁那些令他们为难的异议就感到大受威胁以来,我甚至不敢过多地谈论基督宗教的诚信。不过,就纯粹而朴实的诚信而言,我想请问,究竟是我的诚信还是您的诚信更明显易见?

我越是进一步论证,这些观点越是显得有趣。因此,我还得继续抄录您的原话。在这么重要的辩论中,我希望一字不漏地复述您说过的话。

我们几乎要相信,这位作者先是费尽心思地瓦解那些证明基督宗教启示的人为证据,随后却又以最积极、最庄严的方式顺服它。

毫无疑问,你们这么想是对的,因为,我把所有能从中辨认出神的精神的教义视同为启示。只需去掉您句子中的含糊语义,因为,如果动词"顺服"后面接的是基督宗教启示,那么您说对了;但如果接的是人为证据,那么您就错了。无论如何,我可以借用您的说法去反驳那些胆敢声称我否认一切启示的人。承认自己受到人类精神所无法解决的疑难的困扰,难道就是在否决一种教义吗?不因为人为证据而承认一种教义,特别是与此同时还存在着其他同等或[992]更有力的证据,从而没有必要使用人为证据,难道就是在否决这种教义吗?当然,您使用了条件式,"我们几乎要相信"(on croirait)。只是,当不相信的例外理由不存在时——您提出的理由正是如此,"我们几乎要相信"也就等同于"我们相信"(on croit)。让我们来看看你提出的肯定证据。

我亲爱的弟兄们,为了让你们信服并看清楚,请务必读一读他文中的这个段落。"我承认,圣经的庄严使我感到惊奇;福音书的神圣[1]打动我的心。看看哲学家们的书,尽管华丽无比,但与福音书比起来就太渺小了!这样一本既崇高又朴实的书岂是人写得出的?书中故事所叙述的人岂能仅仅是一个凡人?书中怎么可能会有狂热崇拜者或野心勃勃的宗派分子的语气?他的品行是多么温柔和纯洁呵!他的教诲带着多么动人的优雅呵!他的行为准则是多么高尚呵!他的言辞带着多么深刻的智慧呵!他的回答是多么睿智、多么敏锐、多么中肯呵!他对自己的激情是多么有节制呵!哪里有这样一个人,哪里有这样一个在行事、受难和死亡的时候毫不怯弱、毫无矜夸的智者?[2]柏拉图想象中的义人虽蒙受种种不名誉的罪名,却无愧于美德的所有褒奖,当他描绘这个义人时,他一笔笔描绘出的正是耶稣基督:所有早期教父都感觉到了这惊人的相似之处,这不可能弄错。一个人要多么有成见、多么轻率才敢拿索福洛尼斯科斯①的儿子去比较玛利亚的儿子呢？他们之间的差别是多么大呀！苏格拉底死时没有受苦，未蒙[993]羞辱，直到最后一刻还轻松地保持人格，要不是这轻易的死给他的一生带来荣誉，我们大可怀疑，苏格拉底再怎么睿智也终究只是一个智术师。有些人说他创立了道德，其实在他之前已经有人把道德付诸实践了；他只不过是把别人做过的事加以阐述，拿这些人的榜样去教育人罢了。在苏格拉底还没有定义什么是正义以前，亚里斯泰提为人已经很正义了；在苏格拉底还没有使爱国成为人的义务以前，勒奥尼达斯已经为他的祖国而牺牲了；在苏格拉底赞扬审慎以前，斯巴达已经做到审慎了；在苏格拉底还没有给德性下定义以前，斯巴达已经有许多有德性的人了。然而，耶稣在他的同时代人中上哪儿找这样高尚纯洁的道德呢，既然只有他本人才教导过并亲身实践过这样的道德？在最极端的狂热崇拜中，世人领会到了最高的智慧，在最英勇的德性的朴实光照下，最卑贱的人也蒙受了荣光。苏格拉底在临死前还安详地同朋友们谈论哲学，这是我们所能期望的最温存的死法；耶稣却在各种折磨中断了气，受尽一个民族的侮辱、嘲笑和诅咒，这是我们所能担忧的最可怕的死法。苏格拉底在端起毒酒时祝福了那个流着泪递给他酒杯的人；耶稣在遭受可怕的酷刑时为那些疯狂虐待他的人祈祷。不错，如果说苏格拉底的生和死是一个圣人的生和死，那么耶稣的生和死便是一个神的生和死。我们能说福音书里的故事是随意虚构出来的吗？不是这么虚构出来

---

① ［译按］Sophronisque，苏格拉底的父亲。

的;苏格拉底的事迹虽然无人怀疑,却不如耶稣的事迹那般确实。归根到底,回避难题就不能解决难题。说福音书是由几个人合起来编造的,比说这本书是以一个人的事迹为主题,更令人难以相信。犹太著述家从来没有用过这样的语气和道德训诫,而福音书中那些栩栩如生的人物是这样伟大动人,无法仿效,以至于虚构这些人物的作者比书中主人翁还要令人惊异。"[3]

[1]博蒙先生在抄录我的文章时颇为疏忽,同一行中竟有两处与原文不符。他把"圣经的庄严"(la majesté des écritures)写成"经书的庄严"(la majesté de l'écriture),把"福音书的神圣"(la sainteté de l'évangile)写成"经书的神圣"(la sainteté de l'écriture)。这么一来,我虽不至于变成异端分子,却显得说话相当愚钝不堪。

[2]按照习惯做法,我在下文还原了博蒙先生遗漏的段落。这里的遗漏倒不一定像其他地方那样是存心设下的圈套,不过,遗漏下文和相关联系会削弱整个章节的力度,而且,我的迫害者们处心积虑地删掉了所有我诚心说过的关于宗教的好话,在有条件的情况下予以还原还是有必要的。

[3]《爱弥儿》,第三册,页179起。①

"我亲爱的弟兄们,我们很难对福音书的真实性献上比这更美的敬意。"[1]大人,我对您的坦言承认表示感谢[994]。在这方面,您比其他人公正。现在,让我们来看看您把"我们几乎要相信"说成"我们相信"的反驳理由。

[1]《主教训谕》,in-4, p. 14. in 12. p. xxv。

---

① [全集本注]全集,IV,625-627。

"然而，作者只因为人为证据才相信它。"大人，您错了。我承认它是因为福音书，是因为我在福音书中领会到的崇高思想，而用不着人来向我证明它。我手上既然捧着一部福音书，就用不着人来告诉我福音书是存在的。"总是要有人来告诉他其他人已经说过的话。"根本不是这样。没有人来告诉我福音书是存在的。我亲眼看见了，就算全世界向我力证福音书不存在，我也很清楚那是全世界在撒谎，他们全错了。"在天主和他之间有多少人？"不止一个。福音书是起决定作用的文本，而这个文本就在我手中。不论它是怎么来的，又是由什么作者写的，我都从中领会到了神圣精神，这是在瞬间里发生的。在这个见证和我本人之间不存在任何人，如果说存在什么人，那是涉及这部圣书的历史、作者和创作年代等等，属于道德证据被接纳的批评讨论范畴。这就是萨瓦代理本堂神父的回答。

很显然他这是在自相矛盾；他被自己的招供给弄得狼狈不堪。我让您去享受我的狼狈不堪。

出于何等古怪的盲目，他居然又补充道："尽管如此，福音书中还是充满了不可相信、违背理性的东西，任何明智的人都无法理解和接受。遇到这种种矛盾该怎么办呢？要始终虚心审慎；沉默地尊重[1]［995］那些既无法理解又不能否认的东西，在唯一知道真理的伟大的神面前要保持谦卑。这就是我所持的并非故意的怀疑。"

可是，我亲爱的弟兄们，怀疑怎么可能不是故意的？既然有人拒绝顺服一部不是由人所编造的经书中的教义；既然这部经书中栩栩如生的人物是这样伟大动人,无法仿效,假设这些人物是虚构的,那么作者倒比书中主人翁还要令人吃惊。在这里,我们不妨说,不公正的行为在自相矛盾地撒谎。[2]

[1]若要让人们自行做到这种尊重和这种沉默,必须先有人告诉他们运用尊重和沉默的道理。知道这些道理的人可以说出来,批评这些道理而不说出来的人可以保持沉默。在公开场合坦诚坚定地发言是所有人的共同权利,在涉及一切有用的事情时甚而还是一项义务。不过必须严禁个人在公开场合指责另一个人,这么做无异于过分自诩拥有比对方优越的德性、才华和学问。这也是为什么我从来不会批评或谴责任何人。我向我的世纪宣告了一些艰难的真相,但我从不干预任何个人,即便我有时会批评一些书,点了它们的名,但我在提到它们的作者时总是带着善意和尊敬。大家看见了,这些人是怎么回报我的。这些大人先生们骄傲地挤到最前排,教我如何谦卑,看来他们传授给别人的教训好过他们自己所实践的教训。①

[2]《主教训谕》,in‑4, p. 14. in 12. p. xxvi。

大人,您毫无理由地指责我不公正,您常常把谎言归咎给我,却从不指明究竟是什么谎言。我倒是给自己规定了一套与此相反的行为准则,并且时时奉行。

萨瓦代理本堂神父的怀疑不是故意的,理由甚至和您认定他是故意的理由一样。倘若不是福音书的道德和教义所闪耀的神圣精神给了他人为见证如此欠缺的力量,那么,依据从前推断出来的理由,他早有可能否认人们试图给予福音书的微薄权威。他接受这部圣书,接受书中包含的所有值得赞叹、人类精神能够领会的东

---

① [全集本注]手稿中未见这条注释。

西。至于他从中发现的无法相信的东西,"那些违背理性、任何明智的人都无法理解和接受的东西",他"默默地尊重,既不去理解,也不去否认,并在唯一知道真理的伟大的神面前保持谦卑"。这就是他的怀疑,而这种怀疑不是故意的,因为,他有各方面无法克服的原因,理性不得不处于悬而未决的状态。这种怀疑是所有讲理诚信的基督徒所应有的态度,除了那些他们有能力理解的、对他们的行为来说很重要的东西,他们并不想对神多做了解,他们[996]和使徒一样弃绝那些"愚拙无学问的辩论,因为知道这等事是要起争竞的"。[1]

[1]提摩太后书,2:23。

您先认定我否认启示,再强加给我妄信自然宗教的罪名。首先,我从来没有否认启示。您接着指责我"甚至不接受自然宗教,或至少没有承认自然宗教的必要性",而您唯一的证据就是抄录下面这段文字。"如果我错了,我也错得诚实。这就足以[1]避免因为我错了就把罪名归到我身上。如果你也诚实的话,即使错了,也不会有太多危害。"您继续说道:

> 这就是说,照他的意思,只要信服自己拥有真理,那就足够了;这种信服即便带有最可怕的错误,也不会成为责难的对象;一个人如果说自己是诚信的,那么就算他接受了各种错误,甚至是无神论的错误,人们也必须把他看成一个明智信神的人。只是,这不就为各种迷信、各种狂热崇拜体系以及人类精神的各种疯狂敞开了大门吗?[2]

[1]《爱弥儿》,第三册,页21。博蒙先生把"这就足以"(cela suffit)

写成"这对我来说就足以"(cela me suffit)。

[2]《主教训谕》,in-4, p. 15. in 12. p. xxvii。

大人,您不能像萨瓦代理本堂神父那样说:"如果我错了,我也错得诚实。"因为,很显然您是有意更改了书中的说法并以此误导读者。我会证明这一点,直到彻底驳倒您,我还要预先这么做,好让您就近看清楚。

《信仰自白》分成两部分。第一部分篇幅更长、更重要,也带有更多惊人而崭新的真相,旨在反对现代唯物主义,并竭尽作者所能地确立神的存在和自然宗教。您和神父们对这一部分只字不提,因为,这在你们看来微不足道。归根到底,只要神职人员的利益有所保障,神的利益与你们无干。

第二部分在篇幅上短得多,也更缺乏规范和深度,其中就[997]普遍意义的启示提出了怀疑和困惑,但涉及基督宗教的启示时,从教义的纯粹和圣洁、从造物主的神圣的崇高性确立了它的实际的可靠性。第二部分旨在促使每个人处在自己的宗教里保持更加审慎的态度,避免去非难其他人的宗教缺乏诚信,旨在证明每个人的证据并不是在所有人眼里都那么有说服力,因而不应把那些不像自己那样看得清楚的人视为罪犯。第二部分写得非常谦虚,带着恰如其分的尊重。只有这一部分引起了您和法官们的关注。为了反驳我的推理,您唯一的手段是火刑堆和侮辱的话。有人怀疑让人怀疑的东西,您从中看到了弊端;有人证实真实的东西,您却没有从中看到益处。

其实,第一部分包含了宗教的真正根本性的内容,才是决定性和有教益的。作者没有左右摇摆,也没有犹豫。他的良知和理智以不可抵挡的方式促使他下定了决心。他相信,他做出确认,他完全信服。

相反,他在第二部分的开篇先宣称,"接下来要做的考察完全不同";他"从中只发现困惑、神秘、费解";他"只能持怀疑不信任的态度";他"只能把自己所讲的话诉诸理性的评判";他"不知道自己是不是错了",他"在这里所断言的只不过是怀疑的理由"。[1]于是,他提出了自己的异议、疑难和怀疑,他也提出了自己相信的强有力的理由。通过这些探讨,他总结出对基本教义的肯定,以及对其他教义的带有尊重的怀疑。在第二部分的结尾处,他再次强调倾听他这番话所必须保持的审慎态度。他说:"倘若我更有自信,我对你说话就会采取一种武断而坚决的语气;但我是一个人,无知又容易犯错,我有什么办法呢?我已经毫无保留地向你敞开了我的心;我认为确实可靠的事情,我都照实告诉你了;我有怀疑的地方,我如实说出了我的怀疑,我有看法的地方,我也如实说出了我的看法;我还告诉你我怀疑和相信的理由。现在由你去判断。"[2]

[1]《爱弥儿》,第三册,页131。①
[2]《爱弥儿》,第三册,页192。②

[998]因此,在同一个文本中,作者才会说:"如果我错了,我也错得诚实。这就足以避免因为我错了就把罪名归到我身上。"但凡有常识、有几分诚挚的读者呵,我请问你们,作者究竟是怀疑自己在哪里错了,是在第一部分还是在第二部分,是在他肯定的地方还

---

① [全集本注]全集,IV,607。
② [全集本注]全集,IV,630。

是在他犹豫的地方？这个怀疑究竟是担心错信了神，还是担心自己错误地怀疑了启示？您不顾各种理由地选了前者，您唯一的愿望就是把我当成罪犯；我敢说您给不出别的动机。大人，撇开公正、基督宗教的爱不谈，究竟还有没有常识和人情呀？

您原本有可能弄错萨瓦代理本堂神父担忧的事，但无论如何，您在文中同一处抄录的唯一段落却足以提醒您错了。萨瓦代理本堂神父说："这就足以避免因为我错了就把罪名归到我身上"，这意味着，他承认类似的错误有可能是犯罪，而且如果他不是诚信的话，这个犯罪的罪名就有可能归到他身上。只不过，假设神不存在，那么相信有一个神何罪之有？假设这是犯罪，那么谁又有权利来定罪？由此可见，萨瓦代理本堂神父担心犯错，只能与自由宗教的问题有关，而您所理解的萨瓦代理本堂神父的讲话也确乎是一派胡言。因此，我们不可能从您抄录的段落中推断出，我"不接受自然宗教"，或者我"没有承认自然宗教的必要性"，我们更不可能推断出，按您自己的话说，"一个人如果说自己是诚信的，那么就算他接受了无神论的错误，也必须把他看成一个明智信神的人"。您本人不可能会相信这样的推断是合理的。这一点若不明确无疑，还会有什么明确无疑呢？再不然，您就只好说我是疯子。

为了指出我们不能以神圣使命为借口而散布荒谬言论，萨瓦代理本堂神父设想了一个通神意的人（您凭高兴称之为基督徒）和一个推理的人（您凭高兴称之为不信教者），他让这两个人争论起来，双方各用各的语言，他并不赞成这么做，并且可以肯定的是，这既不是他的语言，也不是我的语言。[1]您为此指责我，说这是"不诚信的标志"[2]，并且拿通神意的人的满口胡言作证据。可是，如果这个人满口胡言，您又从哪里认出他是基督徒呢？如果推理的人反驳的是一派胡言,您又有什么权利指责他不信教呢?难道通神意的人满口胡言,因而是个天主教徒,而推理的人反驳这些胡言,因而是个异教徒?大人,您当时还没有颁布主教训谕,本可以避免运用这么一种充满焦虑又不合理智的语言。

[1]《爱弥儿》,第三册,页151。①
[2]《主教训谕》,in-4, p. 15. in 12. p. xxviii。

您说:"假设理性与启示相互对立,那么可以肯定,天主也是自相矛盾的。"[1]您在这里供出了大实话,因为,可以肯定,神没有自相矛盾。"大逆不道的人们啊!你们说,我们视同启示的教义与永恒的真理格格不入;但光这么说是不够的。"我赞同;让我们不只停留在光这么说,让我们做得更好。

[1]《主教训谕》,in-4, p. 15, 16. in 12. p. xxviii。

我敢肯定,您已经预感到我会说些什么。我们看到了,您提到神秘奥义问题,就像经过燃烧的木炭一般,几乎不敢踩上去。但我不得不让您在这么痛苦的状态中逗留片刻。我会尽量缩短您逗留的时间。

我想,在作为理性组成部分的这些永恒真理中,您会赞同其中的一条,那就是局部比整体小,正因为通神意的人提出相反的看法,所以您才认为他满口胡言。然而,依据您的圣餐变体理论,在最后的晚餐上,耶稣擘开饼递给门徒,从而把他的身体给了每个门徒。显然他手上握着自己的完整身体,而且他很可能自己吃下了

---

① [全集本注]全集,IV,614起。

饼,也就是他亲手把自己的脑袋放进嘴里。①

这就明显而确实地证明了,局部比整体大,容器比容物小。大人,您对此有什么看法?在我看来,只有德·高桑骑士先生才有可能帮您解围。②

[1000]我很明白,您还有圣奥古斯丁这一法宝,但结果是一样的。他先在三位一体问题上堆砌了好些令人费解的言论,随后又承认这些言论毫无意义。这位教会教父天真地说道:"不过,我们这么表述不是为了说点什么,而是为了不保持沉默。"[1]

[1]奥古斯丁,《论三位一体》,5,9。

大人,我在反复思考之后认为,您在这个问题和别的好些问题上所能采取的最肯定的立场,就是您面对德·蒙塔则先生时的立场,就连理由也是一样的。③

---

① [全集本注]1763年5月1日,伏尔泰在写给爱尔维修的信中说起自己读到"蛮有趣的东西":"这个让-雅克偶尔还有一点可取之处嘛。"(全集,前揭,XLII,463-464)

② [全集本注]德·高桑骑士(Chevalier de Mauléon de Causans)声称找到了化圆为方的问题的解答方法;他的写作年代大约在十八世纪中叶。[译按]在法语中,quadrature du cercle 既指化圆为方的问题,也引申为不可解决的难题。

③ [全集本注]德·蒙塔则(Antoine de Malvin de Montazet)曾任欧坦主教、里昂大主教,是个奥古斯丁主义者,与冉森派信徒亲近。1758年,他公开反对博蒙。作为法兰西地区的首席主教,他废除了博蒙颁布的一条命令,内容涉及圣-马尔索城区的一家女修道院。在《致巴黎大主教的信》(1760年)中,德·蒙塔则就自己的干预行动做出解释。博蒙未予回应。参见 Peignot, *Biographie universelle*, Paris, 1854-1865, t. XXIX, pp. 46-47; Regnault, *Christophe de Beaumont*, Paris, 1882, t. I, pp. 433-437; Préclin, *Les Jansénistes du XVIII e siècle et la constitution civile du clergé*, Paris, 1928, pp. 296, 298-300。

《爱弥儿》的作者缺乏诚信,这在他假托某个所谓的天主教徒的语言中同样令人反感。[1]他假托这个天主教徒说:"我们的天主教徒大谈教会的权威,但是,正如其他宗派必须罗列多少证据才能直接证实自己的教义,天主教徒也必须罗列同样证据才能直接证实他们具有这种权威,既然如此,他们大声谈论又能得到什么好处呢?教会断定教会有决定的权利。这岂不是一个证据确实的权威?"①我亲爱的弟兄们,听了这个骗子的话,谁不会就此相信,教会的权威仅仅因自身的决定而得到证实?过程是这样的:我决定我是不会犯错的,于是我就确实如此。我亲爱的弟兄们,这真是诽谤性的罪名。

[1]《主教训谕》,in – 4, p. 15. in 12. p. xxvi。

大人,这就是您的断言;我们再来看看您的证据。您敢不敢保证,天主教神学家从未以教会的权威去确立教会的权威,ut in se virtualiter reflexam[以便为了更有德性地反思自己]?如果他们确实这么做过,我就不是在把诽谤性的罪名强加给他们。

"基督宗教的创立、福音书的精神,乃至人类精神的错误和弱点全倾向于证明,耶稣基督建立的教会是一个不会犯错的教会。"[1]大人,您开始用一些不用找零头的话来应付我们:泛泛而谈永远不可能成为证据,所有这些倾向于证明的东西实际上什么也证明不了。让我们直接进入论证的正文。请看下文。

[1]同上。

---

① [译按]《爱弥儿》,全集,IV,620。

[1001]"我们保证,正如这位神圣立法者永在传授真理,他的教会也一样永在传授真理。"[1]

[1]同上。《主教训谕》,in-4, p.15. in 12. p. xxvi。值得阅读《主教训谕》中这一段落的原文。

但你们究竟是谁?你们这些毫无证据就向我们保证的人。你们不就是教会或教会领袖吗?按你们的推论方式看,你们倒似乎相当看重圣灵的参与。你们究竟在说些什么,那个"骗子"又说过什么?求求你们自己看吧,我实在没有勇气把话说尽。

不过,我必须指出,那条被您这么有力抨击的异议的全部力量就在一句话中,这句话在您抄录的段落的结尾,被您小心翼翼地删除了。"摆脱这种想法,你就会明白我们讨论的所有问题。"[1]

[1]《爱弥儿》,第三册,页165。①

萨瓦代理本堂神父的推理究竟是什么样的?他说,要在不同宗教中做出选择,有两种做法,要么领会每个宗派的见证并加以比较,要么完全信托教导我们的人的权威。然而,第一种做法要求具备极少有人能够具备的知识,而第二种做法则令每个人选择自己出生时的宗教。萨瓦代理本堂神父举了天主教的例子,也就是天主教会的权威形同法律的事实,并以此提出了两难推理。要么,天主教会自行赋予这种权威,并声称:"我决定我是不会犯错的,于是我就确实如此",那么它就掉进了所谓的恶性循环论证的诡辩之中。要么,天主教会证明自己的权威是神给的,那么正如其他宗派

---

① [全集本注]全集,IV,620。

必须罗列多少证据才能直接证实自己的教义,天主教会也必须罗列同样证据来证明它确实获得这种权威。这样一来,天主教会在教导的便利上毫无优势可言,大多数人有多少能力考察天主教会权威的证据,也就有同样的能力考察新教教义的真实性。除了凭靠教导的人的权威以外,还能用什么合理方式下决心呢?穆斯林用了相同的方式下决心,穆斯林为什么就会比我们有罪呢?大人,这就是萨瓦代理本堂神父的推理,您没有做出答复,[1002]我怀疑没有人能做出答复。[1]通过对缺乏诚信的作者大肆删节,您那主教式的坦诚得以摆脱困境。

[1] 这是一条可怕的异议,那些攻击我的人全部小心避免提起它。用辱骂的话和圣人般的夸张语气来作答,那是再便宜不过的,他们轻易地规避了一切尴尬话题。此外,还要承认,神学家在相互争吵的时候确实拥有好些对策,在面对无知的人们时反倒不具备这样的对策,必须竭尽所能加以弥补。他们提出了成百上千种无根据的假设,倘若对方想不出更好的无根据的假设,简直不敢加以否认。他们为了摆脱困境,强迫神在父亲和儿子之间传承起这种所谓的先天信仰。但他们在和神学博士们争论时倒会避免使用这些莫名其妙的话。他们和我们这些亵渎神灵的人这么说,却害怕其他人笑话他们。

感谢神,我完成了这个让人厌烦的任务。我一步步地追随您的推理、抄录和审查,同时证明,您攻击我的书多少次,您也就错了多少次。唯一没有谈到的一点与论政府有关,我很愿意手下留情。一个人悲叹并亲身体验了大多数人的悲惨状况,您却指控他毒害公共福祉的根源,读者自会掂量这番言论究竟能值几何。倘若我没有写过《社会契约论》,不得不在这里重新论证书中论证过的伟大真理,那么,您不惜牺牲我而去赞美当权者,将会成为我引证的事实之一,作者的命运则是另一个更惊人的事实。我在这一方面没什么可说的,我本人的例子已经说明一切,不应因欲求个人利益而玷污有益的真理。我要将那份逮捕我的政令和那本刽子手烧掉的书流传后世,作为自我辩护的凭证。我的不幸比我的著述更好地证明我的观点。

大人,我刚刚谈论到了您援引并反驳我的书的各方各面。我考察了您的每一条意见,我证明了您没有一点是正确的,我不怕别人[1003]来反驳我的证据;任何由常识所操纵的反驳都比不过这些证据。

然而,纵使我在某些地方错了,纵使我全错了,这样一本书又有哪点配不上得到宽容呢?在这本书中,就连在错误中、在有可能造成的不幸中,人们也处处感受到对善的真爱、对真理的热忱;在这本书中,作者极少使用肯定和坚决的语气,反而经常提醒读者要提防他的想法、衡量他的证据、只运用理性的权威加以评判;在这本书中,处处洋溢着和平、温存、耐心、对秩序的爱、万事服从法律,乃至在宗教问题上也服从法律;在这本书中,作者很好地为神的诉讼案辩护,很好地确立宗教的益处,尊重风俗,剥夺淫乱的可笑武器,把恶描绘得那样荒谬,而把善描绘得那样可爱。啊!假设连这样的书也没有一句真话,那么世人只好去崇拜和依恋梦话,毕竟最温存的幻想有可能逢迎和滋养一个好人的心灵。是的,我不怕说出来;倘若在欧洲真有一个有见识的政府,真有一个具备有效健全的视野的政府,那么它必会向《爱弥儿》的作者公开致敬,必会为他竖立纪念碑。我对人群的了解足以让我不去期待从他们那里听到感激,但我承认,我对人群的了解却不足以让我预料到他们对我做出这样的事。

我先是证明了您的查禁不合理,现在我还要证明您对我的侮辱不公正。既然您侮辱我是以指责我书中的错误为依据,那么,指出我犯下的所谓错误只不过是您自己的错误,也就足以说明您本不该这么侮辱我。您给我的书贴了最可憎的标签,我本人更是令人憎恶、冒失轻率、亵渎宗教、招摇撞骗。基督宗教的爱德啊,你到了耶稣基督的执事嘴里变成多么奇怪的言语呵!

但是您又做了些什么呵!您把使徒拉作同谋,说出那么些冒犯我的言辞,却竟敢指责我亵渎宗教。[1004]听您一席话,人们几乎要以为,使徒保罗竟然屈尊想到了我,并且像预言敌基督者的来临那般预言了我的来临。请问他又是怎么预言的呢?就在下文。就在您的《主教训谕》的开篇。

> 我亲爱的弟兄们,使徒保罗曾经预言,末世必有危险的日子来到,那时人要专顾自己、自夸、狂傲、亵渎宗教、不信天主、好说谗言、自我膨胀,他们爱享乐胜于爱天主,他们在信仰上仅余一颗败坏的心。[1]
>
> [1]《主教训谕》,in-4,p.4. in 12. p. xvii。

我当然不会怀疑使徒保罗的预言得到实现。不过,倘若他相反地预言会有另外的日子到来,那时看不到他说的这些人,那么我承认我会更被这个预言尤其被这个预言的实现所打动。①

根据这个用心良苦的先知预言,您好心替我作了一幅画像,以

---

① [全集本注]参见残篇5,全集,IV,1015。保罗的话见提摩太后书,3:1-5。

主教式的严峻取笑其中的种种矛盾对比,将我摇身变作滑稽人物。大人,在您的主教训谕中,我以为这是最漂亮的段落。再没有人能做到如此讨人欢喜地嘲讽、如此富有才智地诽谤一个人。

"在谬误的内部"(我确乎在您的教会内部度过了青年时代)"冒出了"(也不太冒尖)"一个人,满口哲学语汇"(我怎么可能使用一种从来没听说过的语汇呢?)"却不是真正的哲学家"(哦,我同意!我从不稀罕这个头衔,我承认自己不具备任何哲学家的权利;而且我肯定不是出于谦虚才这么承认);"知识驳杂"(我学会了在我原以为知道的大量东西上保持无知)"却没有因此而变得有见识"(这些知识教会我不要自以为有见识)"在其他人中间传播黑暗"(无知的黑暗好过谬误的虚假光照);"生来在言行上有诸多矛盾"(不像所有人那样言行就那么糟吗?);"混杂了道德的朴实与思想的铺张"(道德的朴实有助于灵魂的升华,至于思想的铺张,我不知道[1005]那是什么意思);"对古代行为准则的热忱与对建立崭新准则的狂热"(对我们来说,没有什么比古代行为准则更崭新,这里头不存在混杂的问题,而且我根本不狂热);"令人费解的隐退姿态与出人头地的欲求"(大人,您就像那些炮制小说的人,坐在自己家里猜测主人翁会说些什么,想些什么。倘若我真是因为渴求出名才写作,请您解释我为什么这么迟才开始写作,我为什么有意拖延不实现这个渴求);"痛斥自己亲手耕耘的科学"(这证明我从不仿效你们那些文人,在我的著述中,真理的利益永远超越我的个人利益);"鼓吹福音书的卓越不凡"(永远如此,并且带着最真实的热忱);"却诋毁福音书中的教义"(不对,我是在宣扬被神父们诋毁了的福音书的爱德);"描绘德性之美,却在读者的灵魂中泯灭这些德性"(正直的灵魂呵,我何尝泯灭过你们对德性的爱!)。

"他把自己变作人类的导师,以此蒙骗人类;他把自己变作公众的告诫者,以此让所有人迷途;他把自己变作本世纪的神谕,以此促使本世纪的沦丧"(我刚刚分析过您如何证明这一点)。"在一部谈论人类生存条件之不平等的著作中"(为什么说人类生存条件?这既不是我的主题也不是书的标题),"他把人类贬低到兽类的行列"(我们两个人中究竟谁在兽类和恶人这两者之间反复抬高或贬低人类?);"在最近的作品中,他悄悄灌输了愉悦的毒药"(啊!但愿我能以愉悦的魅力取代荒淫的恐怖!不过,大人,您尽管放心,您的神父们完全可以抵制"爱洛伊丝"的诱惑!他们有"阿洛伊西阿"作预防药①);"在本部作品中,他试图自童年起着手控制人类,以便建立起无宗教信仰的国度"(上文已经考察过这项指责)。

　　大人,您就是这么对待我的,而且还要残忍得多。您根本不认识我,只凭道听途说就来审判我。莫非这就是您口口声声捍卫着的福音书的道德所在吗?就算您想保护您的牧群免受我的书毒害,为什么要对作者进行人身攻击呢?我不知道您会期待这么不符合基督精神的行为获得何种效果,[1006]但我知道,用类似的武器捍卫宗教,只不过是在促使好人怀疑这一宗教。

　　而您却批判我冒失轻率。怎么!我如何担当得起这个名号?我只不过提出怀疑,何况又带着那样的审慎,我只不过假以推理,何况带着那样的尊敬,我不但没有抨击任何人,也没有点任何人的

---

　　① [全集本注]即格勒诺布尔的律师肖利耶(Nicolas Choriet, 1612 – 1692)所写的拉丁文作品《太太学堂》。贝尔在《历史与批评词典》(*Dictionnaire historique et critique*)中多次作为猥亵作品加以援引。穆尔图曾担心卢梭这么嘲笑牧师,"会伤害到日内瓦本身",因此建议他删掉这里的说法(参见1763年3月30日的信,书信全集,XV,346)。

名。而您呢,大人,您怎么敢这么对待一个人?您谈论起他的时候多么不公正,多么欠缺善意和尊敬,又多么轻率。

您批判我亵渎宗教,您又能指控我哪里亵渎宗教呢?但凡说起至高的神,我从来只为显扬他的荣耀,但凡说起邻人,我从来只为令世人爱他。一个人亵渎宗教,就会可耻地辱没神之名,使之为人类的欲求服务。一个人亵渎宗教,就会擅自担任神意的传达者、神和人类之间的仲裁人,就会为自己要求神应得的荣誉。一个人亵渎宗教,就会窃取在大地上施行神力的权利,妄图任凭一己意愿打开或关闭天堂的大门。一个人亵渎宗教,就会命人在教会中阅读诽谤性的小册子……一想到这么可怕的事,我就浑身热血沸腾,愤慨得泪流满面。和平的神的执事们呵,你们胆敢利用神的居所干下的事,总有一天你们要偿还!

您批判我招摇撞骗!为什么?我弄不清楚您的思考方式,可我又在哪里招摇撞骗啦?在推理的时候犯错,就是欺骗吗?一个智术师即便骗人,却没有弄错,虽滥用理性,却未越过理性的权威,尚且不算招摇撞骗。一个人招摇撞骗,就会妄图别人听信他的话,就会想自己成为权威。一个人招摇撞骗,就会是一个骗子,为了自身利益去蒙骗他人。我请问您,在这个事件中,我又有什么利益可言?一个人招摇撞骗,依据乌尔比安努斯①的说法,就会制造幻想、祈神降祸、驱魔念咒,而我肯定从来没有做过类似的事。

你们这些出身尊贵的人们呵,你们说话是多么随性!你们只承认属于你们的权利和你们规定的法律,从不履行做一个公正的人的义务,你们[1007]甚至不认为有必要做一个人。你们傲慢地

---

① [全集本注]乌尔比安努斯(Ulpien),公元三世纪罗马的犹太律法家。

迫害弱者，无须为不公平的行为负责。你们用不着为凌辱或暴力付出任何代价，为了一点点利益或身份的便利，你们就像清扫灰尘一样把我们赶走。有的发通谕、焚烧书，有的诽谤、凌辱，你们本无权利或理由，你们甚至不是轻视或愤怒，仅仅因为这么做给你们方便，仅仅因为那个倒霉的人不巧走在你们的路上。你们辱骂我们而不受任何损害，我们却甚至不允许抱怨一声，我们如果指出自己是无辜的，是你们错了，就要讨得一个不尊敬你们的罪名。

大人，您公开侮辱我，我已经证明，您是在诽谤中伤我。您若是像我一样的小民，我若能在某个公正的法庭上检举您，我们若能一同出庭，我带着我的书，您带着您的主教训谕，那么，您肯定要被判有罪，肯定要因为您对我的冒犯而作出赔偿。然而，您的身份允许您无须做到公正，而我却一无所是。只是您负责传播福音书的教诲，您作为主教有义务教导其他人知道他们的义务，您也应该知道您自己的义务。至于我，我履行了我的义务，我对您再也无话可说，我将保持沉默。

大人，请接受我深切的敬意。

让－雅克·卢梭
1762 年 11 月 18 日于莫蒂埃①

---

① ［全集本注］草稿中没有标注写作日期和地点。在 1763 年 1 月 8 日写给雷的信中，卢梭说道："我在落款上写的是 10 月 18 日，请您改过来。"（书信全集，XV, 17）

附录:启示的假想或寓言片段

[1044]一个美丽的夏夜,最初的人试着沉思哲学,陷入一场深沉美妙的遐思。不由自主的热情有时会将灵魂引至居所①以外,使它拥抱整个世界。最初的人在这热情的引领下,大胆地放任思绪攀升至自然的神殿,深入到人类智慧所能触及的远方。

阳光不再把炎热带给大地。鸟儿归了巢,尚未睡去。它们品味着凉爽下来的空气,用微弱而满足的鸣啭诉说轻快。一颗丰满有益的露珠令那些在烈日下凋零的草木恢复了活力。花儿四处散发最温柔的芳香。果园和树林焕然一新,在黄昏和第一缕月光中形成比白天更温和动人的景象。小溪的呢喃原本被白日的喧嚣遮蔽,这时重又听见了。各种家畜慢吞吞地回了家,老远地叫着,好似为夜晚将来的休憩而欢喜。四下笼罩着一片安详,多么迷人,这些所在安静而不荒凉,只有和平没有孤独。

这些迷人的物事同时发生,打动了哲人。在这种时候,善感的灵魂满怀安详的清白②,总会被打动。他的心灵和感知完全沉浸在

---

① [译按]灵魂的居所,指身体。
② [译按]清白(innocence),或无罪,是卢梭对最初的人的定义。他在《爱弥儿》《致博蒙书》等著作中多处否认原罪说。

这温存的印象中:为了更从容地感受这一切,他躺在草地上,头枕双手,愉快地注视所有令他欢喜的物事。他冥思片刻,[1045]偶然看向天空,这如此熟悉的天空呵,往日很少打动他,此时却令他惊叹。他像是第一次看见这巨大的苍穹及其华美的装饰。他还看得见西边那颗带给人类热量和白昼的星体拖曳着火般印迹;他也瞧见东方那颗在夜里指引人类前行、启发梦乡的星体散发出温柔忧郁的光泽;他还辨认出两三颗别的星,在整个天空的稳定规律的布局中,它们的运行路线似乎不那么规则,显得突出。他莫名地战栗,一边凝望这许多星球的缓慢庄严的运行,它们在他的头顶安静地走着,不停歇地散播纯净永恒的光照。这些星体尽管间隔遥远,却保持秘密的联系,这使它们沿着同一方向运转。他的好奇中掺杂不安,一边在天顶与地平之间观察神秘的地球,眼前的这场共同运转似乎围绕着它而展开。怎样不可思议的机制才能让所有星体服从这个法则?怎样的手才能连接世界的所有组成部分?在我①身上又存在着怎样奇特的功能,使得世界的所有组成部分既在我之外凭借共同法则彼此相连,又在我的思想内部彼此相连,并且形成某种未经我构思而我却猜想得到的体系?

我在天体运行中发现了规律性。在大地上的季节更替和动植物构造中,我发现了同样的规律性。我只能在由某些法则所启动和安排的物质中寻求解释这些现象。只是,谁建立了这些法则?万物又如何服从这些法则?这是我所不能明白的。此外,动物们会展开循序渐进的本能活动,我在自己和同类身上还发现了感觉、

---

① [译按]第三人称自然转为第一人称。这个最初的人(即文后的"哲人")让人想到萨瓦代理本堂神父,乃至卢梭本人。

思考能力、意愿和行动的自由,所有这些均超越了我可以从物质的已知属性中推断出的机制概念。

我可以毫无困难地相信,物质中存在着某些属性是我完全不知道的,并且可能永远[1046]也不会知道,但经过某种方式的安排或组织之后,物质有可能被感觉、思考和意愿。①只是,构成这些物质的组织规则有可能是自发生成的吗? 不然它又是依据何种范型被酝酿生成的?

假设一切只是偶然排列的结果,那么又该如何解释秩序概念以及我在世界的所有组成部分之间发现的意图与结果的关系呢? 我承认,在大量的可能性组合中,但凡存在的组合就不应排除在考虑范围之外,这些组合甚而在无穷无尽的万物更替中占有一席之地。只是,万物更替只有借助运动才能产生,这给我的理智带来新的困惑。②

我也可以假设,在这个世界上有某种起支配作用的运动,物体因此而发生持续不断的变化,但运动的次数保持不变;只是,我又发现,运动是抽象的概念,只能在被启动的物质身上想象运动。这样,我必须还要找出究竟是什么力量在促使物质运动起来,如果运动的次数有可能增减,那么困难将会更大。

最后,我只能假设,物质的运动具有必然性,但这与我的所有

---

① [全集本注]影射洛克的《人类理解论》中的名言:"我们也许永远也无从知道,一个纯粹物质的存在会不会思考……"(IV,3,6)在《信仰自白》(全集,IV,584 – 585)和《致弗朗格耶先生的信》(全集,IV,1136)中,卢梭明确反驳了洛克的这个观点。但在写本文时,卢梭的想法似乎略有不同,假设物质会思考似乎并不是那么荒诞的事。

② [全集本注]也许影射了狄德罗的《论盲人书简》中索德森的相关言论(参见 Diderot, *Œuvres philosophiques*, Classique Garnier, 1956, p. 123)。

认识经验截然相反。因为,我发现,在任何情况下,本身并不关注运动或静止的物体在外力的推动或约束下也能运动或静止。我无法想象运动是物质的一种天然属性。没有确定的方向就不会有运动,假设有确定的方向,而运动又是物质的天然属性,那么所有的物体岂不是要沿着平行直线永恒运动,力度相等,或至少速度相等,再小的微粒也不至于相撞或在某个时刻偏离共同的方向?①

这个冒失的哲人陷入上述遐思,沉迷于千百个混乱的问题,既不能放弃,又无法解释清楚。他徒然努力深入[1047]自然的奥秘之中。自然的景象一开始令他狂喜不已,现在成了令他不安的原因,渴望解释这一切的念头剥夺了他享受自然的乐趣。

在迟疑与谬误之间全神贯注,踌躇良久,他终于疲倦;在没有证据的体系与没有回应的异议之间耗费精神,他终于厌烦。他准备好了放弃这些高深却又轻浮的思考,它们更多地激发起傲慢而不是知识。突然,一道光射入他的灵魂,向他揭示崇高的真理。人类无法凭靠自己认识这样的真理,人的理性只能证实而不能发现这样的真理。一个全新的世界就这样在他的冥思中启开。他瞥见连接各种生命的不可见的链条,他看见一只强大的手伸展在所有存在者之上,自然的神殿就像对所有属天的智慧那样对他的理解力打开大门,所有与"神"一词连在一起的崇高想法全部涌现在他的脑海中。这样的恩典②是在奖赏他对真理的挚爱和他的真诚,他没想用那些徒劳的寻索标榜自己,他接受曾经的苦心付诸东流,与其打着哲学的美名让他人看见自己的错误,不如承认自己无知。

---

① [全集本注]卢克莱修最早提出这个问题,参见 *De natura recum*, II, 216 起。

② [全集本注]卢梭极少使用"恩典"(grâce)这个说法。

刹那间，那些令他强烈不安的谜在他脑海中豁然开朗。天体的运行、星辰的壮观、大地的华饰、生命的延续、他在生命之间发现的礼俗与功利的关系、组织的奥秘，乃至思想的奥秘，简言之是整套机制的运作，所有这一切变得可以想象，那就像是某个强大的存在者、万物的支配者的作品。倘若还有一些他无法解决的困惑，那也没有违背他的理性，只不过解决方案超越了他的理解能力。他信赖自己的内心感情，这种感情促进他的发现，充满活力地对他说话，这远远强过某些从精神的软弱之处汲取力量的尴尬诡辩。

在这迷醉人的强烈光照下，他的灵魂惊叹不已，攀升至[1048]他全神贯注的物事的高度，他沉浸在某种充满活力的美妙感觉中。一簇圣火的闪烁仿佛赋予了他全新的生命。他心怀尊敬、感激和激情，迅速起身，眼望苍天，伸出双手，随后跪倒，脸贴大地，心中嘴里连向那神圣的存在者致敬，这是神圣的存在者从有死的人类那里收到的最早，也许还是最纯洁的敬意。

他被这新鲜的热情所振奋，渴望以这份热情感染整个自然，尤其渴望与同类人分享①。他愉快地考虑起智慧与幸福的方案。他打算让人们接纳这个方案，在人类的共同创造者的完美中揭示人们必须具备的美德的源泉，在人类的共同创造者的慈善中揭示人们应该推行的慈善的范例和价值。他满怀热忱地喊道："来吧，让我们解释自然的奥秘，将神主的崇高法则传播到各地，这神主不仅主宰万物，还要显现在他的作品中。让我们教育人群把自己视为最高意志的工具，正是这种最高意志把人群团结在一起，形成更强大的群体。让我们教育人群去轻蔑生活中的邪恶，短暂的人生只

---

① ［译按］这是回到洞穴神话的开端，或政治哲学的开端。

是回归永恒的通道,只有永恒才能赋予人类存在的意义。让我们教育人群相亲相爱,就如总有一天要团聚在共同父亲的怀抱中的弟兄一样。"

他此时的想法多么迎合人类的骄傲,在所有深情善感的生命看来是多么温存。他带着这些想法等待白天的回返。他迫不及待地想带给其他人的灵魂一个更纯洁灿烂的白天,想用他刚刚收获的属天的光照来感染他们。然而,漫长的冥思令他疲倦,夜晚的凉爽催他休憩。他不觉打起盹来,一边还在做梦和冥思,直到终于沉沉入睡。他睡着后,刚才的冥思在脑中激发的震惊还在,这让他做了个奇特的梦,就和促使这个梦生成的念头一样奇特。他置身于一个巨大的建筑中,里面有令人眼花缭乱的穹顶,由七座巨大的雕像①充当柱子支撑而起。所有这些雕像[1049]近看可怕而畸形,然而,透过巧妙的透视手法,从建筑中央看过去,每个雕像变了样,呈现出迷人的模样。这些雕像姿态各异,各有象征性。有一个手执镜子,端坐在一只孔雀上,模仿起孔雀的自负傲慢的仪态。另一个有无耻的眼睛和淫荡的手,正在引诱她的声色对象分享突来的肉欲。还有一个手抓着蛇,用从乳房取得的汁液喂养它们,这些蛇在被她吞噬之后又不断重生。还有一个仅剩可怕的瘦骨,和死神几乎没有两样,只是双眼射出贪婪的光,她拒绝真正的食物,只肯大口吞咽正在熔化的黄金杯盏,尽管这不能提供任何养分,只会令她变异。这些雕像各有各的可怖特征,本该使她们成为丑陋的物事,但从她们显得美丽的那个角度看,这些特征反而装点了她们的美

---

① [全集本注]七座雕像,影射七宗罪。卢梭在这里具体描绘了四种罪行:傲慢(Superbia)、色欲(Luxuria)、暴怒(Iracundia)和贪婪(Avaritia)。

丽。穹顶上写着几个大写的字："众人啊,侍奉大地上的诸神吧!"在这行字的正下方,也就是建筑中央,完美透视的出发点,有一座七边形的大祭坛,人类纷纷涌来献祭和发愿,以千百种各异的仪式和千百种古怪的名目崇拜这七尊雕像。祭坛上竖立着第八座雕像,整个建筑就是献给她的,她分享着人们献给其他七尊雕像的崇拜。她永遮着一层不可接近的面纱,永久受到人们的侍奉,却从未被正眼看见。她的崇拜者们根据自己的性格和激情,用想象来描绘她,每个人更痴迷于自己崇拜的对象(因为这个对象更具想象性),只在神秘的面纱下安置自己心中的偶像。

　　在不断涌入的人群中,首先可以分辨出几个着装特别的人。他们看似一副谦卑和沉思的神情,相貌中却带有莫名的凶险,显得既傲慢又残忍。他们负责不断把众人引入建筑,似乎是一些管事的,或这个地方的主人,垄断主持着七尊雕像的崇拜仪式。他们[1050]先是在殿堂入口蒙住所有人的眼睛,再带这些人到神殿的某个角落,只在各种物事开始迷惑眼球时才重新让这些人看见。在这个过程中,若有人试图松开遮眼布,他们马上会对他念几个有魔力的句子,强加给他一个恶魔的形象,这样,所有人都憎恶他,连他的家人也认不出他,他很快就被所有人撕成碎片。

　　最令人吃惊的是,这些殿堂的管事们虽然完全看得见他们的偶像有多么畸形,侍奉起她们却不比蒙眼的普通人少一丝热情。不妨说,他们把自己等同为这些可怖的神灵,以神灵的名义接受凡人的崇拜和祭品,为了自身的利益考虑,给予众人因恐惧而被剥夺了的祝愿。

　　兴高采烈的颂诗和赞歌形成此起彼伏的声响,目击者为此激动万分,忘乎所以。祭坛伫立在殿堂中央,在一片烟雾之中几乎辨认不出。烟雾散发自某种使人头晕困扰理性的浓香。不过,普通人只看得见自己被激发的想象的幻影,哲人却更为平静,他看见的东西足以用来判断他看不见的东西。在这个可怕的祭坛四周,有一场持续不断的杀戮。他惊恐地看到了谋杀与淫乱可怕地交杂在一起。一会儿有人把娇嫩的孩童丢进松木的火堆中,一会儿有成人被屠杀在某个衰弱的老人刀下。不近人情的父亲呻吟着把刀插入亲生女儿的胸中。年轻人在精致华丽的装扮下更显美貌,却因为倾听自然的声音而被活埋,与此同时,另一些人正沉湎于最无耻的荒淫庆典。将死者的哀号和荒淫的呻吟可憎地交织在一起。

受惊的哲人喊道:"啊,多么可怕的景象!我的目光怎能遭到这般玷污?让我们快快离开这地狱般的所在。""还不是时候,"那个曾对他说话的看不[1051]见的存在者拦住他,说道,"你刚刚看见了众人的盲目,你还要看看智者在这个地方的命运。"

在同一时间,他看见殿堂入口有一个人,和他一般着装。隔得太远,看不清那人的脸。这人的风度严肃庄重。他没有走向祭坛,但轻碰那些被引向祭坛的人的遮眼布,表面没有造成混乱,却使这些人恢复了视力。他的做法很快被发现,因为重新看见的人引起了注意。他们中的大多数人穿过殿堂,看见了膜拜对象的丑陋。他们拒绝走向祭坛,还试图说服身边的人。神殿的管事们对自身的利益总是很警觉,很快找到骚动的根源,抓住这个戴面纱的人,拖到祭坛脚下,在蒙眼人群的齐声欢呼中当场处死了他。①

哲人把目光转向旁边的入口,看见一个老人。他的气色不好,

---

① [全集本注] Naville 曾提问:"这个人是谁?色诺芬吗?他确实强烈批评过多神信仰,不过,他的晚年尽管据说没落贫穷,死得并不悲惨。"(参见 *Nouvelle étude sur la religion de Rousseau*, *Le chrétien évangélique*, 1862, p. 219,

但那刻意迎合的态度和亲切深刻的言谈很快让人忘了他的相貌。①他一走到入口,殿堂的管事们就要给他戴上神圣的遮眼布。但他对他们说:"神圣的人们呵! 我只是一个可怜的瞎眼老人,前来寻求你们的保护,希望在这里恢复视力,请你们免了这个多余的步骤吧! 我只求你们引我到祭坛,好让我敬拜神灵,祈求她治愈我。"他佯装笨重地撞到周围的物事。人们渴望奇迹发生,乃至忘了进一步验证奇迹是否有必要发生。遮眼布的仪式被认为多余,当场获免。有个毫不起眼的年轻人②充当老人的向导,扶着他,引他去祭坛。

这个年轻人被七尊雕像的丑恶样子和流淌在第八尊雕像四周的鲜血吓坏了。他有二十次试图逃跑离开殿堂,但老人的强劲手臂拉住了他。他被迫继续引领或不如说跟随老人走到圣殿中央,观察眼前的景象,以便有一天投身教育人类。[1052] 那位佯装的

---

n. 2) P.-M. Masson 认为,这里暗指卢梭的同代人,比如狄德罗,后者的怀疑主义批判揭开了迷信者的遮眼布(参见 *La Religion de J.-J. Rousseau*, Paris, 1916, t. II, pp. 52 – 53)。但 Starobinski 的分析也许更准确:"第一个人……或许是哲人的副本。"文中说他与哲人一般着装(*Jean-Jacques Rousseau, la transparence et l' obstacle*, Paris, 1957, p. 81)。Naville 还说:"这个人也许是哲学作品的一种普遍和集体的呈现。"具体地说,这个人可能象征了科学,科学不批判迷信,而是通过打开人们的眼界使迷信自行消失。本文中反偶像的三个人分别是学者、智者和圣人。

① [译按]苏格拉底的佯谬(Ironie)在这里具体表现为佯装瞎眼(看不见真相)。

② [译按]年轻人,指苏格拉底的那些年轻的对话者。比如斐德若,他戏称苏格拉底是雅典的异乡人,主动为他带路。但究竟谁是谁的向导,下文说得很清楚。在柏拉图对话中,苏格拉底往往充当无知的提问者,他的提问迫使被问的人当众推倒起初的见解,并且承认他们的所谓智慧无非是一场幻影。

盲者轻盈地跳上祭坛，用果敢的手揭开雕像的面纱，使她毫无遮蔽地陈列在众人眼前。她的脸上刻画着出神和愤怒。她将人性的人身化形象扼杀在脚下，一边温柔地眼望上苍：她的左手抓着一颗燃烧的心，右手在磨利一把匕首。这个景象使哲人战栗，却未激起目击众人的愤慨。他们看见的不是残忍的表情，而是属天的热情。从前不认识这个雕像时，他们就虔诚地崇拜她，现在这个雕像被揭开面纱，他们自觉虔诚更盛了。无畏的老人看到这一切，用火般的热情语气朝他们喊道："众人啊！你们究竟有多疯狂，才会侍奉这只顾毁灭的诸神，崇拜比你们还邪恶的存在？啊！莫再用冒失的献祭迫使这些神灵想到你们，折磨你们，宁可努力让他们忘掉你们，你们反倒不至于那么悲惨。你们以为毁坏他们的作品能讨他们欢喜，那么，除了让他们毁掉你们，你们还能有什么希望呢？你们想成为幸福的人，就侍奉那意愿让所有人幸福的神吧。"

管事们不让他说，大声喝止他，还要众人处罚这个忘恩负义的人。他们声称，为了在女神的祭坛上掩人耳目，他胆敢亵渎雕像，诋毁崇拜仪式。众人立即朝他扑去，转眼就要把他撕成碎片。但管事们见他必死无疑，就想让他死得合乎法律程序。他们让所有人审判他，判他喝下绿水。这是判给智者的通常死法。在准备汤剂的时候，老人的朋友们想偷偷带走他。但他拒绝了。他说："让我接受我一生虔诚的奖励吧。我生活在这众人中向来岂是不守他们的法的？我岂有在这法就要犒赏我时去违法的？我一生献身给真理的进步，在自然即将带走这生命时，我岂有不为能够献上最后一刻而感到幸福的？朋友们啊，我在这最后时日做出的榜样，就是我留给你们的唯一教诲，至少其他教诲也是因为它才有意义。我若害怕［1053］死得像个哲人,人们必要怀疑我活着像个智术师。"①他说完,接过智者的杯,安详地饮尽。他和朋友们平静地谈起灵魂不朽,以及其他一些伟大的自然真相。②哲人认真倾听,因为这与他先前的冥思有关。只是,老人最后的话竟是在对被他揭开面纱的雕像明白致敬,这给哲人的思想留下永远无法摆脱的疑问和困扰。他始终不确定,老人最后的话究竟隐藏着某种寓意,或者只是服从法律规定的崇拜仪式的行为。因为,老人说过,既然所有侍奉神灵的方式在他看来无关紧要,那么他宁可选择服从法律。只不过,在这个行为与之前的行为之间永存着无法磨灭的矛盾。

哲人为眼前的一切震惊。他深思起这可怕的景象。突然,有个声音浮现在空气里,清晰地说:"人子就在这里。整个世界在他面前噤声。大地呵,倾听他的声音。"哲人抬头,看见有人在祭坛上。他的样子庄严而温柔,令他惊讶又敬佩。他着装寻常,像名工匠,却有天堂的目光,仪态谦逊庄重,比前一位更自然。他的面容显出莫名的高贵,简单与伟大相连。看他的脸,令人不由陷入活泼美好的感动,任何人类的已知感情不可能产生这样的感动。他说话,温柔的语气深入人心。"哦,孩子们,我来救赎并疗治你们的错误,你们要爱那爱你们的,你们要认识那永在的。"他突然抓起雕像,毫不费力地推倒,又同样平静地站到台座上,仿佛找回了他的位子,而不是侵占别人的位子。

---

① ［译按］参见《信仰自白》:"苏格拉底死时没有受苦,未蒙羞辱,直到最后一刻还轻松地保持人格,要不是这轻易的死给他的一生带来荣誉,我们大可怀疑,苏格拉底再怎么睿智也终究只是一个智术师。"(《爱弥儿》,全集,IV,625)

② ［译按］卢梭描写哲人之死,完全参照了柏拉图《斐多》中苏格拉底之死。

他的神情、他的语气和他的动作在所有人中造成不寻常的骚动。众人受震撼,激动不已。管事们被激怒,但没人听他们说话。这个陌生人坚定而深得人心,他宣讲某种神圣道德,吸引了所有人。一切预示着一场革命[1054]。他只需说一个字,他的敌人们就会灭亡。但他刚刚摧毁了血腥的不宽容,决不会重蹈覆辙。他采取的途径必须适应他的言说和他担当的责任。众人原本义愤填膺,因为他的防护,不再那么狂热。他证明了自己的力量和勇气,重又像刚才那样温柔地说话。他言说人类的爱和各种美德,他的表达那么动人,他的神情那么可爱,除了殿堂的管事们这些注定仇视人性的人以外,所有人都在倾听,被他感动,从此更加热爱自己的义务和他人的幸福。他的言说简单温和,却又深刻高贵,既滋养灵魂又不惊骇耳朵,犹如孩童的奶汁、成人的面包。他鼓励强者、抚慰弱者,就连最不合群的天才也把他视为同类。他不用矫饰典雅的语气夸夸其谈,但他亲切的话语具有最迷醉人的说服力,他的教诲只是寓言、道德故事和平常对话,但准确深刻。没有什么能困扰他。再阴险的妄图把他问倒的提问,他也能立即给出充满智慧的解答。只需听他一次言说,就肯定要永远崇敬他。他似乎毫不费力就掌握了真理的言语,因为,他本身即是真理之源。①

---

① [译按]卢梭没有提及耶稣受难,这是因为文章没有写完,还是他有意在哲人的赴死与圣人的胜利之间建立某种对比?

图书在版编目（CIP）数据

致博蒙书/（法）卢梭著；吴雅凌译. —北京：华夏出版社，2014.1
（西方传统：经典与解释）
ISBN 978-7-5080-7902-8

Ⅰ.①致… Ⅱ.①卢… ②吴… Ⅲ.①卢梭，J.J.（1712～1778）—哲学思想—研究 Ⅳ.①B565.26

中国版本图书馆CIP数据核字（2013）第280104号

致博蒙书

著　　者	（法）卢梭
译　　者	吴雅凌
责任编辑	王凤梅
责任印制	刘　洋
出版发行	华夏出版社
经　　销	新华书店
印　　刷	北京建筑工业印刷厂南厂
装　　订	三河市李旗庄少明印装厂
版　　次	2014年1月北京第1版 2014年1月北京第1次印刷
开　　本	880×1230　1/32
印　　张	4.875
字　　数	110千字
定　　价	29.00元

华夏出版社 地址：北京市东直门外香河园北里4号　邮编：100028
网址：www.hxph.com.cn　电话：(010)64663331(转)
若发现本版图书有印装质量问题，请与我社营销中心联系调换。

西方传统：经典与解释

古今丛编

恐惧与战栗
[丹麦]基尔克果 著

探究哲学与信仰——基尔克果与苏格拉底
[美]郝岚 著

穆佐书简
[奥]里尔克 著

撒路斯特与政治史学
刘小枫 编

民主的本性——托克维尔的政治哲学
[法]马南 著

希罗多德的王霸之辨
吴小锋 编/译

梅尔维尔的政治哲学——《切雷诺》及其解读
李小均 编/译

第二代智术师——罗马帝国早期的文化现象
安德森 著

英雄诗系笺释
[古希腊]荷马 著

统治的热望
——修昔底德笔下的阿尔喀比亚德和帝国政治
[美]福特 著

席勒美学的哲学背景
[美]维塞尔 著

雅典谐剧与逻各斯
——《云》中的修辞、谐剧性及语言暴力
[美]奥里根 著

莱园哲人伊壁鸠鲁
罗晓颖 选编

果戈里与鬼
[俄]梅列日科夫斯基 著

托尔斯泰与陀思妥耶夫斯基（第一卷）
[俄]梅列日科夫斯基 著

托尔斯泰与陀思妥耶夫斯基（第二卷）
[俄]梅列日科夫斯基 著

自传性反思
[德]沃格林 著

黑格尔与普世秩序
[美]希克斯 等著

西方传统：经典与解释
Classici et Commentarii
HERMES
刘小枫◎主编

新的方式与制度
——马基雅维利的《论李维》研究
[美]曼斯菲尔德 著

论埃及神学与哲学——伊希斯与俄赛里斯
[古希腊]普鲁塔克 著

凯撒的剑与笔
李世祥 编／译

纪念苏格拉底——哈曼文选
刘新利 选编

科耶夫的新拉丁帝国
[法]科耶夫 等著

夜颂中的革命和宗教——诺瓦利斯选集卷一
[德]诺瓦利斯 著

大革命与诗话小说——诺瓦利斯选集卷二
[德]诺瓦利斯 著

《利维坦》附录
[英]霍布斯 著

巨人与侏儒
[美]布鲁姆 著

或此或彼（上、下）
[丹麦]基尔克果 著

海德格尔与有限性思想（重订版）
刘小枫 选编

海德格尔式的现代神学
刘小枫 选编

走向古典诗学之路
——相遇与反思：与伯纳德特聚谈
[美]伯格 编

论宗教大法官的传说
[俄]罗赞诺夫 著

上帝国的信息
[德]拉加茨 著

双重束缚
[美]基拉尔 著

俄耳甫斯教祷歌
吴雅凌 编译

俄耳甫斯教辑语
吴雅凌 编译

黑格尔的观念论
[美]皮平 著

古今之争中的核心问题
[德]迈尔 著

浪漫派风格——施莱格尔批评文集
[德]施莱格尔 著

神圣的罪业
[美]伯纳德特 著

论永恒的智慧
[德]苏索 著

宗教经验种种
[美]詹姆斯 著

尼采反卢梭
[美]凯斯·安塞尔-皮尔逊 著

施米特对自由主义的批判
[美]约翰·麦考米克 著

舍勒思想评述
[美]弗林斯 著

诗与哲学之争
[美]罗森 著

基督教理论与现代
[德]特洛尔奇 著

亚历山大的克雷蒙
[意]塞尔瓦托·利拉 著

伊壁鸠鲁主义的政治哲学
[意]詹姆斯·尼古拉斯 著

神圣与世俗
[罗]伊利亚德 著

中世纪的心灵之旅——波纳文图拉神学著作选
[意]圣·波纳文图拉 著

弓弦与竖琴——从柏拉图解读《奥德赛》
[美]伯纳德特 著

论古人的智慧
[英]培根 著

希伯莱圣经历代注疏

希腊化世界中的犹太人
[英]威尔逊 著

第一亚当和第二亚当
[德]朋霍费尔 著

卢梭集

论哲学生活的幸福
[德]迈尔 著

致博蒙书
[法]卢梭 著

政治制度论
[法]卢梭 著

哲学的自传——卢梭的《孤独漫步者的遐思》
[法]卢梭 著

文学与道德杂篇
[法]卢梭 著

设计论证——卢梭的《社会契约论》
[美]吉尔丁 著

卢梭的自然状态
[美]普拉特纳 等著

卢梭的榜样人生——作为政治哲学的《忏悔录》
[美]凯利 著

柏拉图注疏集

理想国
[古希腊]柏拉图 著

谁来教育老师——《普罗塔戈拉》发微
刘小枫 编

立法者的神学——柏拉图《法义》卷十绎读
林志猛 编

柏拉图对话中的神
[德]薇依 著

厄庇诺米斯
[古希腊]柏拉图 著

智慧与幸福——柏拉图的《厄庇诺米斯》
程志敏 选编

论柏拉图对话
[德]施莱尔马赫 著

柏拉图《美诺》疏证
[美]克莱因 著

神话诗人柏拉图
张文涛 选编

人应该如何生活
[美]布鲁姆 著

阿尔喀比亚德
[古希腊]柏拉图 著

叙拉古的雅典异乡人
——柏拉图《书简七》探幽
彭磊 选编

阿威罗伊论《王制》
[阿拉伯]阿威罗伊 著

《王制》要义
刘小枫 选编

柏拉图的《会饮》
[古希腊]柏拉图 等著

苏格拉底的申辩
[古希腊]柏拉图 著

苏格拉底与政治共同体
[美]尼科尔斯 著

政制与美德——柏拉图《法义》疏解
[美]潘戈 著

《法义》导读
[法]卡斯代尔·布舒奇 著

论真理的本质
[德]海德格尔 著

哲人的无知
[德]费勃 著

米诺斯
[古希腊]柏拉图 著

亚里士多德注疏集

亚里士多德德基本概念
[德]海德格尔 著

《政治学》疏证
[意]托马斯·阿奎那 著

尼各马可伦理学义疏
——亚里士多德与苏格拉底的对话
[美]伯格 著

哲学之诗——亚里士多德《诗学》解诂
[美]戴维斯 著

对亚里士多德的现象学解释
[德]海德格尔 著

城邦与自然——亚里士多德与现代性
刘小枫 编

论诗术中篇义疏
[阿拉伯]阿威罗伊 著

哲学的政治——亚里士多德《政治学》疏证
[美]戴维斯 著

莱辛注疏集

汉堡剧评
[德]莱辛 著

关于悲剧的通信
[德]莱辛 著

《智者纳坦》研究版
[德]莱辛 等著

启蒙运动的内在问题——莱辛思想再释
[美]维塞尔 著

莱辛剧作七种
[德]莱辛 著

历史与启示——莱辛神学文选
[德]莱辛 著

论人类的教育——莱辛政治哲学文选
[德]莱辛 著

色诺芬注疏集

居鲁士的教育
[古希腊]色诺芬 著

驯服欲望——施特劳斯笔下的色诺芬撰述
[法]科耶夫 等著

论僭政——色诺芬《希耶罗》义疏
[美]施特劳斯 著

色诺芬的《会饮》
[古希腊]色诺芬 著

施特劳斯集

霍布斯的宗教批判
[美]列奥·施特劳斯 著

斯宾诺莎的宗教批判
[美]列奥·施特劳斯 著

门德尔松与莱辛
[美]列奥·施特劳斯 著

哲学与律法——论迈蒙尼德及其先驱
[美]列奥·施特劳斯 著

迫害与写作艺术
[美]列奥·施特劳斯 著

柏拉图式政治哲学研究
[美]列奥·施特劳斯 著

阅读施特劳斯
[美]斯密什 著

《会饮》讲疏
[美]列奥·施特劳斯 著

柏拉图《法义》的论辩与情节
[美]列奥·施特劳斯 著

什么是政治哲学
[美]列奥·施特劳斯 著

古典政治理性主义的重生
[美]列奥·施特劳斯 著

施特劳斯与流亡政治学
[美]谢帕德 著

犹太哲人与启蒙
——施特劳斯演讲与论文集：卷一
[美]列奥·施特劳斯 著

苏格拉底问题与现代性
——施特劳斯演讲与论文集：卷二
[美]列奥·施特劳斯 著

回归古典政治哲学——施特劳斯通信集
[美]列奥·施特劳斯 著

隐匿的对话——施米特与施特劳斯
[德]迈尔 著

苏格拉底与阿里斯托芬
[美]列奥·施特劳斯 著

尼采注疏集

尼采与基督教——尼采的《敌基督》论集
刘小枫 编

尼采眼中的苏格拉底
[美]丹豪瑟 著

尼采的使命——《善恶的彼岸》绎读
[美]朗佩特 著

尼采与现时代——解读培根、笛卡尔与尼采
[美] 朗佩特 著

动物与超人之间的绳索
[德]A.彼珀 著

维吉尔注疏集

《埃涅阿斯纪》章义
王承教 选编

维吉尔的帝国
阿德勒 著

品达注疏集

幽暗的诱惑——品达、晦涩与古典传统
[美]汉密尔顿 著

新约历代经解

属灵的寓意
[古罗马]俄里根 著

赫西俄德集

神谱笺释
吴雅凌 撰

赫西俄德：神话之艺
[法]居代·德·拉孔波 等著

赫拉克勒斯之盾笺释
罗逍然 译笺

莎士比亚绎读

莎士比亚笔下的爱与友谊
[美]布鲁姆 著

莎士比亚戏剧与政治哲学
彭磊 选编

莎士比亚的政治盛典
[美]阿鲁里斯/苏利文 编

丹麦王子与马基雅维利
罗峰 选编

古希腊诗歌丛编

阿尔戈英雄纪
[古希腊]阿波罗尼俄斯 著

阿里斯托芬集

《阿卡奈人》笺释
[古希腊]阿里斯托芬 著

但丁集

但丁的圣约书
[美]霍金斯 著

美国宪政与古典传统

美国1787年宪法讲疏
[美]阿纳斯塔普罗 著

修昔底德集

修昔底德笔下的演说
[美]斯塔特 著

古希腊政治理论
格雷纳 著

塔西佗集

塔西佗的政治史学
曾维术 编

古典学丛编

西方古典语文学简史
刘小枫 编

古典语文学常谈
克拉夫特 著

古希腊文学常谈
[英]多佛 等著

古希腊肃剧注疏集
希腊肃剧与政治哲学
[美]阿伦斯多夫 著

中国传统：经典与解释
Classici et Commentarii
经典与解释
刘小枫　陈少明◎主编

中国传统：经典与解释

皇清经解提要
[清]沈豫 撰

冬灰录
[明]方以智 著

从公羊学论《春秋》的性质
阮芝生 撰

药地炮庄笺释·总论篇
[明]方以智 著

松阳讲义
[清]陆陇其 著

起凤书院答问
[清]姚永朴 撰

青原志略
[明]方以智 原编

冬炼三时传旧火——港台学人论方以智
邢益海 编

药地炮庄
[明]方以智 著

周礼疑义辨证
陈衍 撰

经学通论
[清]皮锡瑞 著

韩愈志
钱基博 著

论语辑释
陈大齐 著

《庄子·天下篇》注疏四种
张丰乾 编

荀子的辩说
陈文洁 著

古学经子——十一朝学术史述林
王锦民 著

经学以自治——王闿运春秋学思想研究
刘少虎 著

《铎书》校注
孙尚扬　肖清和 等校注

大学素质教育读本

古典诗文绎读　西学卷·古代编（上、下）
古典诗文绎读　西学卷·现代编（上、下）

经典与解释辑刊（刘小枫　陈少明 主编）

1　柏拉图的哲学戏剧
2　经典与解释的张力
3　康德与启蒙
4　荷尔德林的新神话
5　古典传统与自由教育
6　卢梭的苏格拉底主义
7　赫尔墨斯的计谋
8　苏格拉底问题
9　美德可教吗
10　马基雅维利的喜剧
11　回想托克维尔
12　阅读的德性
13　色诺芬的品味
14　政治哲学中的摩西
15　诗学解诂
16　柏拉图的真伪
17　修昔底德的春秋笔法
18　血气与政治
19　索福克勒斯与雅典启蒙
20　犹太教中的柏拉图门徒
21　莎士比亚笔下的王者

22 政治哲学中的莎士比亚
23 政治生活的限度与满足
24 雅典民主的谐剧
25 维柯与古今之争
26 霍布斯的修辞
27 埃斯库罗斯的神义论
28 施莱尔马赫的柏拉图
29 奥林匹亚的荣耀
30 笛卡尔的精灵
31 柏拉图与天人政治
32 海德格尔的政治时刻
33 荷马笔下的伦理
34 格劳秀斯与国际正义
35 西塞罗的苏格拉底
36 基尔克果的哲学与政治
37 《理想国》的内与外
38 诗艺与政治
39 律法与政治哲学
40 古今之间的但丁

刘小枫集

诗化哲学［重订本］
拯救与逍遥［修订本］
走向十字架上的真
这一代人的怕和爱［增订本］
现代性与现代中国：现代性社会理论绪论
沉重的肉身
圣灵降临的叙事［增订本］
罪与欠
西学断章
现代人及其敌人
儒教与民族国家
拣尽寒枝
施特劳斯的路标
重启古典诗学
共和与经纶
设计共和
卢梭与我们
好智之罪：普罗米修斯神话通释
民主与爱欲：柏拉图《会饮》绎读
民主与教化：柏拉图《普罗塔戈拉》绎读
巫阳招魂：《诗术》绎读

编修［博雅读本］

凯若斯：古希腊语文读本［全二册］
古希腊语文学述要
雅努斯：古典拉丁语文读本
古典拉丁语文学述要
危微精一：政治法学原理九讲
琴瑟友之：钢琴与古典乐色十讲